아파트 전세값으로
해외호텔
사장되기 __

일러두기

국립국어원의 표기법에 따르면 '전셋값'으로 써야 하나
이 책에서는 독자들에게 익숙한 '전세값'으로 표기하였습니다.

아파트 전세값으로

해외호텔 사장되기

곽승엽 지음

해외 직접 투자로 제2의 외화 월급 통장 만들기
베트남 호텔 창업 프로젝트

바른북스

서문

이 책은 2019년 베트남에 호텔을 오픈하며 겪었던 6개월간의 경험을 담은 투자 에세이이다.

사업자금은 제목처럼 실제로 내가 거주하는 한국 아파트 집주인 분의 동의를 받아 전세 보증금 대출을 일으켜 마련했다.

출간을 앞두고 책 내용을 먼저 지인들에게 보여주며 의견을 물어보았을 때 반응들은 대체로 다음과 같았다.

"투자 관련 서적인데 수익률을 엑셀로 정리해서 보여주는 게 낫지 않아?."

"베트남에 어떤 투자 위험이 있는지 일목요연하게 정리해서 설명해줘."

"해외 부동산투자 절차를 쉽고 자세하게 알려주는 부분이 있었으면 좋겠다."

독자의 입장에서 솔직하게 평가해 준 그들의 충고를 듣고 책의 방향성을 완전히 바꾸어 볼까 많은 고민을 했지만 몇 가지 이유로 지금의 책 내용대로 하기로 최종 결정했다.

숫자로 이야기하는 해외투자 상품에 대한 이야기는 은행이나 증권회사 창구에서 충분히 들을 수 있다. 다만 이런 경우에는 실제로 어떻게 돈이 투자되고 수익이 나는지 파는 사람도 사는 사람도 정확히 모른다. 그냥 숫자의 변화만 보일 뿐이다.

위험은 그때그때 다르다. 이 알고 있는 위험이 진정한 위험이 아닐까 싶다.

절차들은 책에는 기술하지 못했지만 믿을 만한 업체들을 통해 도움을 받으면 된다. 절차도 중요한 부분이지만 사업의 핵심은 아니라 생각했다. 한마디로 실제 해외사업이 이루어졌던 과정과 현장을 보다 생생하게 살아 있는 이야기로 전하고 싶었다.

책을 접하는 예비 독자들에게는 투자 에세이라고 소개했지만, 단순한 신변잡기 에세이가 아니라 읽고 난 후 실제 사업을 진행할 때 도움이 될 수 있도록 실질적인 정보도 담아내고자 노력했다.

이 이야기의 시작은 위기감이었다. 현재와 미래에 대한 고민에서 비롯된 위기감에 대해 선택한 답이 도전이었고, 이 책은 그 도전에 대한 기록이다.

그 도전을 해외시장으로 잡은 것은 다변화를 위한 선택이었다.

경제적 위기의 시기에 생존을 위한 대처 방법 중 하나는 다변화이다. 이미 수차례 들어본 여러 분야의 전문가들이 말하는 익숙한 말들이다.

"여러 개의 직업을 가져라."

"미래를 예측하고 사업을 다각화하라."

"투자 자산의 포트폴리오를 구성하라."

이 책에서 소개하는 전략은 해외사업을 통한 소득 다변화이다. 해외사업은 전혀 다른 사업 기회와 다양한 삶의 경험을 체험할 수 있게 한다. 특히, 이번 코로나 사태로 급속히 활성화 되고 있는 4차 산업혁명 기술의 혜택을 볼 수 있는 사업 분야라면 더욱 효과적인 소득 다변화 전략이 될 수 있다.

뻔한 해외투자 경험서로 보여지기 보다는 해외사업에 대한 불안감과 동시에 미래를 대비해야 한다는 절실함을 가지고 이 책을 들여다볼 독자들에게 진정성 있는 참고서로 읽혀졌으면 하는 게 작은 바람이다. 부디 이 투자 경험담이 해외사업이 멀게만 느껴질지 모르는 독자 여러분의 결정과 판단에 긍정의 요소가 되어 세계 시장 속에서 수익을 내는 한국 사람이 많아졌으면 한다.

사소한 경험이며 개인적인 일 같아서 활자화되는 것 자체를 두려워했건만, 출간에 있어 용기를 준 나의 어벤저스팀에게 감사를 드린다.

끝으로,
초긍정과 무한 신뢰로 나를 항상 움직이게 해주는,
미역국을 먹는 어린 딸 곁에 묵묵히 앉아 있는,
나의 아내에게 이제야 고마운 마음을 전한다.

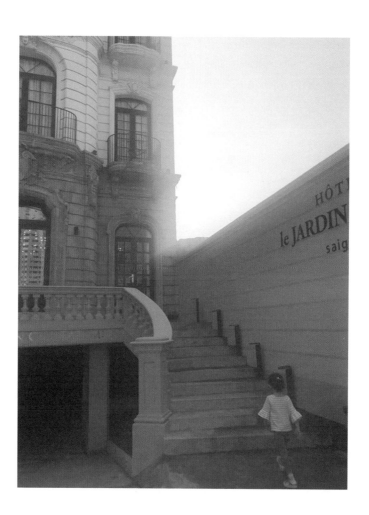

차례

서문

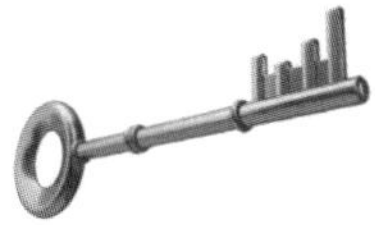

1부

감행
하다

1장
결심하다

• 중년 아저씨, 슈퍼맨 프로젝트 •

문득 깨달았다. 어느새 마흔이었다.
마흔이라니…

결국 중년의 길에 접어든 것이다. 빛
나는 젊음에 세상을 다 가진 듯했던 20
대, 바쁜 척 이리저리 뛰어다니며 30대
를 정신없이 보내고 나니, 어영부영 마
흔이 되었다.

나이에 대한 심리적인 의무감과는 달리, 막상 마흔의 문턱을 넘고 보니 딱히 달라지는 것은 없었다. 내 생활은 그런대로 안정적으로 굴러가고 있었고, 성실함과 끈기로 대부분의 일이 그럭저럭 성공적인 방향으로 흘러가고 있었다.

모든 중년의 삶이 비슷하리라. 어느새 아저씨 소리에 익숙해지고, 직장인이라면 차장, 부장 정도의 직급을 달아 중간리더가 되었을 테고, 또 창업을 시작한 사람은 작은 가게나 회사의 사장으로 새로운 삶을 시작한 사람들도 있을 것이다.

사업을 한다면 그나마 역동적인 삶을 살 수도 있겠지만 주위의 친구들과 이야기를 나누어 보면 모두 그 나름대로 힘든 부분들이 있었다. 현실적인 문제 외에 공통적인 어려움들은 모두 사라지는 것에 기인한 듯했다. 부모님의 병환과 자신의 나이 들어감으로 인한 상실감 등. 나의 경우도 비슷했다. 다만 자라나는 딸이 나의 마음의 상당 부분을 채워주고 있을 뿐이었다.

익숙한 환경은 자칫 반복되는 삶 속에 어제와 오늘이 같고 또 작년과 올해가 같은 삶을 살게 한다. 이런 환경이 계속되어 나중에 나이가 들면 고착화되어 변화에 적응하는 능력을 상실하게 하고, 결국 새롭게 할 수 있는 것이 아무것도 없게 된다. 그래서 40대는 가장 안정적이기도 하지만 도약을 포기하게 되는 때이기도 하다.

물론 받아들임의 과정을 거쳐 편안하고 여유로운 중년의 모습을 가질 수도 있다. 이 또한 멋스럽고 부러운 방식이었지만... 사람은 자신에게 맞는 방식을 찾아내야 한다. 나는 설렘과 열정 속에 깨어있을 수 있는 방법을 찾기로 했다.

자신의 의식상태에 책임을 지지 않는 것은 자신의 삶에 대한 직무유기다.

매일 깨어 있을 방법을 찾아야 했다.

새로운 일을 하거나 새로운 사람을 만나거나 어제와 다른 삶의 영역이 필요했다. 어쩌다 40대가 되었지만 극작가 버나드 쇼의 재미있는 묘비명처럼 우물쭈물하다 죽음을 맞이하고 싶진 않았다.

선택해야 했다.

대한민국은 갈수록 성장이 정체되고 있다. 성장의 기회는 포화되고, 사회는 빠르게 늙어가고 있다. 부동산은 오를 대로 올랐고 투자의 수익은 미미하다. 노후준비로 사활을 걸고 마련한 상가가 몇 년째 공실이라는 뉴스도 이제는 새롭지도 않다. 미래에 대한 희망이 잘 그려지지 않으니, 새로운 시도보다는 현재를 유지하는 것이 최선인 것 같다. 갇힌 사회에서는 필연적으로 날이 서기 마련이다. 날 선 고슴도치 같은 사람들이 서로 상처받지 않으려고, 그 자리에 멈춘 채로 출구 없는 현재를 무기력하게 살고 있는 듯했다.

사회를 욕하고 내가 처한 상황을 억울해만 하기엔 나는 아직 의문을 품고 도전할 만한 기력이 남아 있었다. 생산적이지 않은 사회 탓은 하고 싶지 않았다.

사회가 정체되어 방법이 없다면 더 활력적이고 열정적인 곳을 찾아가면 된다. 낯선 환경은 두려울 수 있으나 대처함에 따라 즐겁고 설레는 곳이 될 수 있다. 일반적으로 흔히 떠올리는 것은 해외이주일 것이다. 또 해외이주와 사업의 장점을 동시에 누릴 수 있는 해외사업은 쉽게 접근하기 어려워할 수도 있다. 하지만, 기회는 누구나 접근할 수 없는 블루오션에 있다. 물론, 해외사업이 매우 드문 블루오션은 아니라고는 해도 해외이주보다는 쉽게 접근하지 못하는 것은 사실이다.

이전부터 동남아 일본 등 여행을 하며 사업 기회를 모색하고 있던 나는 별 고민 없이 베트남을 택했다. 내가 발견한 베트남은 생명력, 욕망과 젊음, 성장과 역동이 뒤엉켜 발전하고 있었다. 무엇보다 비행시간이 5시간이고 시차가 2시간밖에 안 된다는 점도 매력이었다.

베트남은 가슴 뛰는 삶을 다시 살아보라고 부추기고 있었다. 두 번째 스무 살을 맞이하라고, 세상에 겁 없이 맞서던 생명력 충만하던 그때처럼 다시 한번 내 인생의 영웅이 되어 보라고.

나의 어린 시절 최강의 영웅은 슈퍼맨이었다. 보자기를 둘러 목에 걸고 슈퍼맨의 망토를 흉내 내던 그때, 내 눈앞의 슈퍼맨은 언제나 강했고, 확신에 차 있었다.

그렇다. 나는 이제 나에게 슈퍼맨이 되기로 했다.
하루하루 가슴 뛰는 삶으로 가득하던 그때로, 스스로 내 삶의 영웅이 되어, 가슴 뛰는 도전 속으로의 탈출을 감행한 것이다.

망토 대신 비엣젯을 타고, 베트남으로!

'해외'는 단어만으로도 언제나 기대감과 설렘을 동반한다. 낯선 공간이 주는 새로움과 일탈뿐만이 아니다. 새로운 기회와 그 기회를 향한 긴장과 기대를 동반한 첫사랑 같은 설렘이다.

각국의 상황은 모두 다르기에 그로 인해 생기는 환율, 부동산, 산업과 재화의 가치 차이는 다양한 사업의 기회를 만들고, 새로운 자본이익 창출의 기회로 이어진다.

사업의 기회가 주는 영향은 삶의 영역으로도 확장된다. 나와 내 가족이 이전에는 상상할 수 없었던 다채로운 삶을 선택할 수 있는 기회로 연결되는 것이다.

만약 성장이 예견되는 잠재시장이라면 그 가능성은 더욱 커진다. 선행된 성공 모델과 경험을 적용해 더욱 신속하고 효과적이며 효율적으로 시장을 선점할 수 있다. 시장의 잠재력이 클수록 장기적이고 안정적이며, 큰 시장을 개척할 수 있는 기회가 주어진다.

물론, 단순히 수치적 자료와 막연한 희망만으로 접근할 문제는 아니다. 실제로 한때 각국의 경제기관과 언론이 쏟아내던 개발도상국에 대한 장밋빛 전망은 이제 옥석이 가려지는 추세다. 말 그대로 잠재력으로 끝나는 경우도 허다하기 때문이다. 잠재시장은 기회만큼 불확실성에 따른 위험도 크다. 따라서 현지시장에 대한 철저한 분석과 준비가 선행되어야 한다. 또한, 성장 전망과 확신을 성과로 실현하기 위해서는 사업적 역량이 뒷받침되어야 한다. 충분한 경험과 내공이 누적된 사업 분야로 신중하게 진출해야 한다.

나의 경우는 일본에서의 경험 및 국내 사업경험을 토대로 미니호텔 분야를 택했다. 독자 여러분에게도 해외사업 진출 시에는 되도록 한국에서 자신이 성공한 경험이 있는 분야를 가지고 진출하는 것을 추천한다.

모든 사업이 그렇지만 해외사업을 하는 데는 가족과의 행복한 시간들도 때론 포기해야 하며, 직원에서부터 협력업체들까지 많은 사람과 복잡다단한 관계를 이어나가게 마련이라 서로 다른 환경과 문화로 인한 차이 등 많은 이슈가 발생할 수 있다. 그렇기에 용기 있게 도전하는 삶도 좋지만 무모한 도박은 하지 말아야 한다.

물론, 아무리 철저하게 준비를 한다고 해도 실제로 벌어질 수 있는 다양한 상황이 있으므로, 믿을 수 있는 제도, 기관, 사람, 시스템의 도움을 받는 편이 낫다. 또한 이 과정에서도 섣불리 신뢰할 수 없는 타인의 권유만으로 일시적인 감정에 휩싸인 결정은 하지 말아야 한다.

해외사업은 마치 불 꺼진 컴컴한 방에서 밤에 혼자 일어나 화장실을 가듯이 조심조심 모든 위험 가능성을 생각하며 신중히 한 단계씩 접근해야 한다.

2장

둘러보다

• 베트남은 포스트 차이나가 아니다 •

베트남을 '포스트 차이나(Post-China)'라고 한다. 지역적 · 문화적 유사점은 물론, 사회주의 국가라는 점에서 더욱 그러하다. 그렇기에 많은 사람이 지난 10여 년에 걸쳐 중국에서 맛본 달콤한 발전모델을 베트남에 그대로 대입하려 했지만, 실패로 이어지는 경우가 많았다. 베트남시장에 대해 큰 기대를 안고 도전했던 사람들이 큰 실망을 안고 베트남을 떠나는 경우가 허다했다.

하지만 그들이 놓친 것이 있다. 이제 막 청춘의 전성기에 접어드는 베트남은 노화가 시작된 중국과는 완전히 다른 세계이다. 전제부터가 잘못된 것이다. 베트남은 더는 포스트 차이나가 아니다. 모든 분야가 그렇듯 베트남을 확실한 기회로 만들기 위해서는 베트남시장에 대한 명확한 이해가 필요하다.

낯선 듯, 익숙한 나라

한·중·일 동북아시아 3개국처럼 베트남은 전통적으로 유교문화가 정서적 가치의 기저를 형성하고 있다. '깐깐하고 보수적인 나라겠구나'하는 생각이 먼저 들겠지만, 이제부터 재미있어진다.

베트남은 동남아에 위치한 지리적 특성상, 동남아 지역 특유의 개방성과 유연성을 가지고 있다. 여기에 180여 년간의 프랑스 식민지를 거치며 유럽의 음식, 문화가 사회 전반에 스며들어 있다. 더욱 매력적인 것은 이런 상반되는 특징들이 묘하게 잘 어우러져 있다는 점이다. 그래서, 동·서양 누구에게나 낯선 듯 익숙한 매력을 지닌 나라다. 베트남만이 지닌 이 독특함은 안정된 베트남 사회라는 토양을 만나 유연하고 개방적이며, 다양성을 인정하면서도 결정에 있어서는 합리적이라는 베트남사회가 지닌 성공의 잠재력이 기반된다.

안정된 사회, 안전한 밤거리

베트남은 중국과 같은 사회주의 국가다. 그러나 중국처럼 개인에 권력이 집중된 것이 아니라 집단체제에 분산되어 있다는 점에서 확연한 차이를 보인다. 보다 장기적이고 안정적인 국가운영을 기대할 수 있다는 말이다. 해외에서 사업을 운영할 때 해당 국가의 정책의 불확실성은 큰 위험 변수가 아닐 수 없다. 아무리 성장 가능성이 높아도 하루아침에 짐 싸서 나와야 한다면 투자 매력도는 떨어질 수밖에 없다.

또한 베트남에는 54개에 이르는 소수민족이 존재하지만 큰 차별을 받는 경우가 드물어 갈등이 나타나지도 않는다. 중국은 물론 동남아의 여러 국가가 소수민족과의 갈등이 사회문제로까지 이어지는 것과는 대조적이다. 그럼에도 화교의 영향력은 거의 없다. 이는 한국과 더불어 전 세계적으로 드문 경우다. 더욱이 중국과 맞닿아 있는 나라임에도 말이다. 중국 주변 국가 중 중국으로부터 독립을 유지했던 국가가 한국과 베트남이라는 점, 또 그 점을 자부심으로 여긴다는 점에서도 한국과 닮았다.

베트남은 군대와 경찰, 공권력이 강력한 사회가 지닌 안전한 치안 덕분에 밤거리가 비교적 안전하다. 이처럼 안정된 사회는 다양성이 기회로 이어질 수 있는 토양이 되어 주며, 그 토양을 바탕으로 한 개방성과 유연성은 독창적이고 매력적인 시너지를 만들어낸다.

다양성이 인정받는 나라

베트남은 사회주의 국가임에도 종교적 다양성을 인정한다. 불교, 가톨릭에서 힌두교와 이슬람교도에 이르기까지 다양한 종교가 토착 종교와 어우러져 있다. 포스트 차이나라고 하기에는 중국에 비해 너무나도 유연하고 개방되어 있다. 남북으로 길게 뻗은 지리적 특성으로 인한 남부와 북부의 기질적 차이, 또 아픈 전쟁의 기억까지 겹쳐 있음에도 사회는 전체적으로 질서 있게 통합되어 있다. 소수민족을 포함해 기본적으로 다름을 유연하게 받아들이는 문화가 자리 잡고 있다.

베트남을 여행해보면 느끼겠지만, 베트남의 맥을 뚫는 오토바이 운전자는 여성이 많다. 비단 오토바이뿐 아니다. 심지어 공사 현장에 이르기까지 모든 삶의 현장에는 남성들과 함께 일하는 씩씩한 베트남 여성들을 많이 볼 수 있다. 베트남은 전통적으로 여성의 사회적 위계도 동양의 다른 국가들보다 상대적으로 높고, 사회진출도 활발하다. 사회의 절반을 차지하는 여성의 인력을 낭비하는 일이 없다는 말이다.

기지개를 켜는 사돈의 나라

　베트남에서 잠시라도 생활을 하다 보면 베트남의 기질이 한국과 묘하게 닮아있음을 느낄 수 있다. 근면함, 끈기, 자존심, 뜨거운 교육열, 또 2002년 온 국민이 보여준 열정까지…. 축구 이야기가 나와서 말인데, 이제 한국 사람들은 국제경기에서 베트남이 출전하면 자연스레 베트남을 응원한다. 이른바 박항서 매직. 박항서 감독으로 인해 베트남에서 한국에 대한 관심과 애정이 커진 것은 말할 것도 없다.

베트남과 한국은 사돈 국가다. 수많은 베트남 신부를 기억하는가. 그 수만큼의 '1세대 한국-베트남 2세'들이 이제 본격적으로 사회진출을 시작했다. 여기에 베트남 현지 한국-베트남 2세들도 더해보자. 그들이 2020년부터 2000년생들을 시작으로 매년 사회로 진출하기 시작하게 되는 것이다.

장기적이고 거대한 베트남시장이 열리기 시작하는 지금, 한국과 베트남을 혈연으로 잇는 세대가 주인공으로 데뷔하는 것이다. 베트남의 성장은 장기적일 것이고, 한국과의 세대 간 연결은 갈수록 확대될 것이다. 지금이야말로 유리한 조건으로, 장기적 관점에서의 안정적 사업계획이 가능한 것이다.

앞서 말했듯 지난 20년간 중국의 성장모델을 베트남에 그대로 대입하거나, 한국의 20년 전 사업모델을 그대로 적용하면 베트남에서 쉽게 성공할 것이라는 판단에 무작정 베트남시장에 뛰어들었다가 쓸쓸한 실패를 맛본 사람들이 많다. 그래서인지 "베트남시장은 어렵다", "베트남은 가망이 없다"는 사업가들도 있다. 또는 자신의 사업적 실수를 베트남 사람과 현지 사정 탓으로 돌리기도 한다. 물론, 해외사업은 어렵다. 법도 다르고 문화도 다르므로 당연한 결과이다. 하지만 그만큼 기회도 열려있다. 기회가 있는 곳에 누군가는 기회만큼 큰 성공을 하지만 누군가는 실패한다.

20년 전 한국의 경우, 몇 년의 시간 차를 두고 일본의 문화를 고스란히 적용하면 성공이 어느 정도 보장되었다. 하지만 베트남에 이런 공식을 대입하면 실패할 소지가 크다. 현재의 베트남은 매끄러운 단면이 아니다. 최대 20년 이상의 간극이 존재하는 굴곡진 모자이크이다. 한국을 기준으로 어떤 면에서는 한국의 20년 전 모습이 있는가 하면, 어떤 면에서는 한국의 현재와 다를 것 없다.

거리의 젊은이들은 잘 갖춰진 와이파이망을 이용해 쉴 새 없이 모바일로 차량공유 서비스인 그랩(Grab)과 배달 앱을 사용하고 있다. 한국에서 자란 2000년 세대와 베트남의 2000년 세대의 간극은 거의 없다. 연결되는 세계 속에서 베트남에는 카카오택시 대신 그랩이 있으며, 버블티 음료 하나까지 오토바이 주문을 시켜 마시는 베트남인은 우리 못지않은 배달의 민족이다. 또 20년의 간극도 승수의 단위로 메꿔지고 있다.

열정이 끓어오르는 젊은 나라, 베트남

세계는 급속하게 늙어가고 있다. 지난 20년간 성장의 총아였던 중국 역시 예외는 아니다. 중국도 급속한 노화에 동참하는 실정이다. 하지만 전 세계가 노화로 접어드는 이 시점에 베트남의 20대는 나날이 늘어가고 있다. 2020년, 전 분야에서 고공행진을 이어가고 있는 경제성장률만큼 많은 베트남의 젊은 인력들이 본격적인 사회진출이 시작되고 있다. 충분한 교육을 받았으며, 풍요로운 소비를 할 줄 아는 양질의 젊은 인구들 말이다.

젊음은 생명력이다. 생명력은 열정에서 나온다. 열정이 있어야 젊은 것이다. 베트남은 젊다. 희망과 기대를 실현할 열정으로 계속해서 끓어오르고 있기 때문이다.

크리스마스 다음 날, 숙소 근처 동네 카페에 갔을 때 제법 이른 아침이었음에도 공부하거나 일을 하며 무언가에 열중해 있는, 카페를 가득 메운 베트남 젊은이의 열기를 보며 놀란 적이 있었다. 이런 열기는 비단 카페에 그치지 않는다.

지금 베트남의 공유 오피스가 급속도로 늘어나고 있다. IT, 디자인, 기술서비스, 컨설팅 등 소프트파워역량 기반 스타트업을 중심으로 수요가 급속히 늘어나고 있는 것이다. 어디든 일하고 공부할 수 있는 곳이라면, 꿈을 꾸는 베트남 젊은이들이 모여든다. 이렇듯 베트남의 젊음은 오늘도 성장하고 있다.

공간과 환경은 사람을 바꾼다. 환경에 물든다고 하지 않던가. 말 그대로다. 분출하는 에너지 속에 있으면 그 활력이 충전되는 것이다. 베트남을 방문한 외부인에게 가장 인상 깊은 것이 또 하나 있다. 바로 베트남의 오토바이. 아침부터 밤늦은 시간까지 베트남의 거리는 오토바이가 점령한다. 비단 도로뿐이랴. 도로가 아니라도 오토바이가 갈 수 있는 곳이라면 어디든 오토바이가 간다. 새로운 길을 만들어가는 지금의 베트남처럼.

아침 출근길의 직장인들, 하굣길의 학생들, 때로는 물건이 오토바이에 실려 밀물과 썰물처럼 바삐 이동한다. 건강한 혈관에 힘차게 피가 흐르듯 베트남에서 오토바이는 생명력이 되어 동맥경화 없이 활기차게 흐른다. 물자와 사람이 멈추어 있지 않는다. 베트남은 지금 끊임없이 무엇인가를 사고판다. 온라인으로 팔고 모바일로 산다. 공기마저 미래에 대한 희망과 기대, 흥분으로 가득하다.
앞선 세계와의 간극은 빠르게 메꿔져 가고 있다. 지금 베트남은 그 성장의 달콤함을 충분히 맛보고 있다.

한국의 강남 부동산 신화에는 58년 개띠의 세대가 있다. 이른바, 전쟁 직후 베이비붐 세대. 성장을 견인했지만 배고픔을 기억하는 세대이기에, 돈이 있어도 적극적인 소비보다 자산투자에 집중하는 성향을 보인다.

베트남의 베이비붐 세대는 1970년대 후반에서 1980년대 태어난 세대를 일컫는다. 다소 시간상의 차이는 있다 해도 이들 역시 자산투자에 집중하는 경향은 한국의 베이비붐 세대와 똑 닮았다.

그렇기에 현재 베트남 부동산시장의 열기는 강남 개발 초기와 닮았다. 초기 부동산투자에 뛰어들어 자산을 확보한 이들은 치솟는 부동산의 가치로 나날이 부자가 되어 가고 있다. 부자들의 부의 순환은 임대수익을 재투자하고, 더 많은 부동산을 확보하고, 나날이 올라가는 시세차익으로 이어진다. 부자는 더 큰 부자가 된다. 상황이 이러니 더 오를 것이라는 기대심리로 외국인은 물론, 부의 대열에 올라타고 싶은 베트남인까지도 작은 호재에도 가슴 두근거리며 변두리를 기웃거리고 있다.

나의 관심 역시 베트남 부동산시장으로 향해 있었다. 다만 나의 관심은 제도적 규제가 정비되고 있고, 사이클의 영향을 받을 수 있는 주거용 부동산보다는 상업용 부동산에 있었다. 상업용 부동산 개발은 익숙하게 진행해온 분야이기 때문이기도 하고 해외투자자로서는 수익형 부동산에 집중하는 것이 안전하다는 판단이었다.

베트남상업 부동산의 안정적 성장은 충분히 예측할 수 있다. 장기전이 될 것으로 예상되는 미·중 무역분쟁 영향으로 생산 및 오피스 기지의 베트남 이전은 가속화되고 확대될 것이기 때문이다. 이런 환경에서라면 상업용 부동산을 개발하고 수익을 창출해 지속적으로 가치를 올리는 개발모델을 성공시킬 수 있다는 확신이 있었다. 특히 활발한 비즈니스방문과 관광산업의 성장으로 외국인을 대상으로 하는 단기 숙박업 수요가 늘어날 것은 자명했다. 여기에 소비파워가 큰 베트남의 20대 고객을 대상으로 하는 내수시장의 증대도 충분한 가능성이 있었다. 무엇보다 숙박용 부동산업은 한국에서 나의 주 전공이었다.

마침 베트남의 상업용 부동산 건물주들은 운영 효율성과 전문성을 갖춘 임차인을 찾고 있었다. 효율적인 운영으로 장기적이고 안정적인 수익을 창출해주면서 건물의 가치를 올려줄 수 있는 전문부동산 개발자를 원했다. 반면 이런 건물주들의 요구를 충족시킬 수 있는 실적과 기술을 가지고 진출한 선도 업체는 없었다. 주인 없는 시장이 커지고 있었던 것이다.

미니 호텔은 전면의 길이가 중요하지 않다. 오히려, 로비로 쓰이는 공간은 드러내기보다는 내밀한 것이 낫다. 객실도 마찬가지다. 안락함과 편안함, 서비스가 건물의 가치를 만들기 때문이다.

대부분의 베트남 건물은 전면이 좁고, 위로 뾰족하게 솟은 형태의 건물이 많다. 대개의 상가는 전면 노출 여부에 따라 임대료의 차이를 보인다. 그렇기에 전면의 길이는 임대수익의 규모로 이어진다. 한국에도 전면이 길지 않은 건물에 입주한 상가 중에는 안쪽으로 깊숙하게 들어간 형태로 잘려져 있는 경우를 많이 볼 수 있다. 매장 평수는 유지하되 전면 노출면을 확보해주기 위한 자구책인 것이다. 하지만, 호텔은 경우가 다르다. 전면의 너비에 크게 구애를 받지 않는다. 로비 층이나 객실 층 모두 바다나 산을 바라보는 전망이 아닌 이상 문제 될 것이 없다. 따라서 베트남 건물의 다수를 차지하는 중·소형 건물과 호텔은 업종궁합이 잘 맞는다.

대를 잇는 가족 사업이 가능한 미니호텔

미니호텔은 객실의 수가 상대적으로 적기 때문에 최소한의 직원과 가족만으로도 운영이 가능하다. 오히려 개인의 철학을 담은 고객접대 서비스(hospitality service)를 제공하는 서비스업의 본질에 충실할 수 있다. 대를 이어 가치가 더해지는 일본의 전통료칸처럼.

또 효율적 운영 방식과 기술을 도입해 소규모가족 단위로도 충분히 관리가 가능하다. 미니호텔은 유연한 운영이 가능하므로 낭비되는 시간과 공간을 최소화하고 운영의 효율성을 높여 수익을 극대화하기에 상대적으로 용이하다. 현재 운영 중인 호텔의 시간과 공간 활용방법에 대해서는 뒤에서 자세히 설명하겠지만, 대형호텔에서는 불가능한 유연한 상품 및 서비스 확대가 가능하다.

더불어 호텔은 인건비라는 고정비의 비중이 크기 때문에 IT 기술을 접목하여 인건비와 운영비를 효과적으로 절감할 수 있다면 수익은 보장된다. 매출을 확대하면서 지출을 줄이면 수익이 늘어나는 것은 기본 원칙이다.

IT의 지원으로 실현하는 최적의 운영 시스템

운영의 효율성 제고는 물론, 한국과 베트남을 오가면서도 충분히 운영이 가능한 배경에는 무엇보다 IT 기술의 기여가 가장 크다. 한국뿐 아니라 그 어디에서든 베트남 현지의 호텔운영 현황을 실시간 확인하고 관리할 수 있기 때문이다. 성장세와 역량에 있어 아세안 최고 수준이라고 평가받는 베트남의 IT 인프라 환경이 바탕이 되기에 가능한 일이다. 한국의 IT 기술이 아무리 발달되었다 해도 베트남의 현지 기술이 따라오지 못한다면 무용지물이다. 하지만 베트남의 IT 인프라나 현지직원들의 역량은 IT 업무처리에 전혀 부족함이 없다. 현재도 호텔 고객서비스 프로그램을 포함하여 시스템을 지속해서 업그레이드 중이다. 물론 이 역시 베트남 현지 역량만으로도 충분하다.

베트남에 러브호텔을 허하라

마지막으로 20대가 나날이 늘어가는 젊은 나라 베트남. 여타의 뜨거운 젊음이 그러하듯 베트남의 젊은이들도 마찬가지다. 유교적 전통이 유령처럼 스며들어 있는 부모님 집에서 로맨스를 이어가기란 어려운 일이다. 아무리 자신을 거침없이 표현하는 열린 세대라 할지라도 연인들을 위한 사적인 공간이 필요하다. 갈수록 증가하는 베트남 젊은이들의 수만큼 베트남에 많은 호텔이, 특히 러브호텔이 필요한 이유다. "기왕이면 야하고 핫하면 더 좋다."

한국인인 나에게 부티크호텔은 자신이 있다. 부티크호텔, 모텔로 불리는 한국의 디자인 호텔은 다양한 콘셉트의 독특한 객실 디자인과 다양한 부가서비스를 갖추고 있다. 한국을 방문하는 외국인들은 여지없이 한국의 디자인 호텔에 놀라곤 한다. 이런 한국의 미니호텔 기술을 베트남에 야하고 핫하게 풀어낼 것이다.

3장

선택하다

• 나의 베트남 파트너, 인연의 시작 •

나의 파트너 뚜 안은 빨간색이었다. 열정과 젊음, 야망 으로 거침없이 앞으 로 나가는 베트남 청년이었다. 나는 파란색이었다. 실행 보다 검토가 먼저

인, 기존 방식이 익숙한 현실적인 한국 아저씨였다. 우리는 처음에 그렇게 다르게 만났다

우리는 함께 호텔을 만들고, 운영하고 있으며, 또 다른 프로젝트를 준비 중이다. 베트남의 젊음은 좀 더 성숙해졌고, 한국의 아저씨는 좀 더 과감해졌다. 나는 뚜안처럼 미래를 향해 거침없이, 그러나 확신에 찬 도전을 이어갈 수 있었고, 뚜안은 열정을 실현하는 방법을 배웠다. 우리는 서로의 에너지를 교환하며 닮아 갔고, 그 에너지는 점점 더 커졌다. 사업도 결국 사람의 일이다. 사람이 만나서 사람에 관한 일을 하는 것이니 사업도 모두 인연인 것이다. 나의 베트남 사업도 이런 인연과 우연의 도움이 시작이었다.

베트남 사업에 대한 검토와 사전조사 작업은 무리 없이 진행되고 있었다. 베트남시장은 무르익어 가고 있었고, 사업에 대한 나의 확신도 명확해지고 있었다. 다만, 여러 건물 중에 내가 호텔로 할 적합한 건물의 확정을 보류하고 여기저기 더 많은 건물을 알아보고 있었다. 그러던 중 우연처럼 베트남에서 한 통의 연락을 받게 되었다. 베트남 투자검토 과정에서 알게 된 베트남 친구였다. 말이 친구지, 그 친구는 나보다 열네 살이나 어린 90년대생으로 이제 30대 초반이었다. 하지만 이제 갓 학교를 졸업하고 집에서는 아직 독립하지 못한 사회초년생인 한국의 90년대 생과

는 결이 다르다. 베트남의 90년대 생은 우리 사회의 40대에 따르는 경험을 바탕으로 허리 역할을 해내고 있다. 젊은 베트남 사회와 경제의 주축 세대답게 그 역시 젊음과 야망, 경험을 고루 갖춘 친구였다. 5년 남짓 한국생활로 제법 유창한 한국어를 구사하는 이 친구가 바로 지금까지 나의 베트남 파트너인 뚜안이다.

뚜안은 당시 베트남을 오가던 나를 집으로 초대해 자주 식사를 대접했고, 그 과정에서 자연스럽게 부인이 제비집 사업을 하고 있다는 사실을 알게 되었다. 뚜안의 부인은 미용과 건강에 좋은 제비집 주스를 전 세계로 판매하고 싶었고, 나는 뚜안의 호의에 대한 보답으로 제비집 주스의 홍보영상을 만들어주었다. 바로 이 영상이 인연의 시작이었다.

당시 내가 베트남 호텔에 관심이 많다는 것을 알게 된 뚜안은 지인의 한 건물을 나에게 보여 주었는데, 건물을 본 다음날 난 비행기를 타고 하노이에 살고 있는 건물 주인을 찾아 갔다. 그리고 귀국 후 바로 계약서를 전달했다.

지금이야 바로크식 외관의 미감이 살아 있는 프랑스풍의 호텔로 사랑을 받고 있지만, 당시에는 아무도 임차를 원하지 않아 오래된 화석처럼 건물의 외벽만 덩그러니 세워진 채, 7년 동안 버려지다시피 방치된 건물이었다. 하지만 나는 그 건물을 보자마자 한눈에 반했다. 호텔로 만들어졌을 때의 모습이 눈앞에 생생하게 그려졌다. 그 건물은 나에게 아무도 손대지 못한 숨겨진 정원이었다.

아무리 숨겨도 드러날 수밖에 없는 향기처럼, 지금도 이 호텔의 상징인 바로크풍 외관은 무채색 시멘트 마감에 7년의 때가 고스란히 묻어 있던, 처음 그 건물을 봤던 그때에도 아름다웠다. 한 가족의 저택으로 지은 건물이기에 미니호텔을 하기에도 딱 적당한 크기였다. 또한 다양하게 설계된 내부를 잘 활용하면 콘셉트가 살아 있는 공간을 연출할 수 있을 것이라는 판단이 들었다. 무엇보다 이 건물에는 한 가족의 이야기가 있었다. 타지마할 급의 블록버스터는 아닐지라도 이야기가 있는 건물이라는 점에 점수를 더 주고 싶었다. 이렇게 확정을 짓고 난 후 드디어 베트남 미니호텔 사업이 본격적으로 시작되었다.

나의 이동식 사무실

나의 보폭은 친구들보다 넓고 빠르다. 그만큼 일 처리도 신속하게, 군더더기 없이 진행되는 것을 선호한다. 불필요한 절차를 생략하고, 직접 처리하기 위해 전국 방방곡곡 전 세계로 발 빠르게 다니는 기동력의 비결에는 나의 이동사무실이 있다.

남들이 보기엔 충분히 수상할 법한 크고 검은 가방. 그것이 나의 이동사무실의 정체다. 항상 나의 오른쪽 팔에 묵직함을 전해주는 검은 가방. 그 안에는 노트북을 시작으로 각종 서류까지 사업에 관련된 사항이 들어 있어 가방 자체가 사무실이고 사업의 핵심이다.

이런 이동사무실을 가능하게 한 동력은 바로 IT 기술이다. 자금을 집행하고 객실을 관리하고, 직원과 연락하는 일련의 모든 과정이 IT로 진행되기에 한국의 카페에서도, 공항에서도, 베트남의 호텔 현장을 직접 관리할 수 있다. 물론, 베트남의 IT 인프라나 디자인, 컨설팅, IT 기술 등 성장일로인 소프트파워의 뒷받침이 있기에 가능한 일이다.

이미 베트남은 디자인, 컨설팅 및 ICT 전반에 걸쳐 아시아 최대의 아웃소싱 대상이 되고 있으며, 베트남 정부도 ICT 산업육성에 강력한 의지를 보이며 구체적으로 실현해가고 있다. 그만큼 꾸준한 인프라가 확충되고 있으며, 베트남 IT 스타트업은 증가하는 추세다. 그랩, 에어비앤비와 같은 IT 기반의 공유경제가 확대되고 있으며, 전자상거래시장도 빠르게 성장하고 있다. 고비엣(Go-Viet)과 같은 로컬브랜드의 성장도 눈부시다. 4차산업의 혁명은 지금 베트남에서 크게 꽃피고 있다.

그렇기에 나의 베트남 사업은 이동사무실로도 충분하다. 영화에서 보면, 도시 하나쯤 눈 깜짝할 사이에 날려버리는 핵폭탄도 가방 하나인 경우가 많지 않은가. 나의 이 이동사무실이 40대의 정체된 삶을 한순간에 해체시키고 뜨겁게 달궈주는 폭탄이 되고, 베트남에 미니호텔이라는 핫한 트렌드를 폭발시키는 도화선이 될 것이라 기대한나.

물론 똑똑한 독자 여러분은 핸드폰 하나로도 종횡무진 해외사업이 가능한 시기가 되었음을 느끼고 있을 것이다.

나는 이전에 역삼동에 위치한 높은 건물 41층에 집무실을 마련한 적이 있다. 전망 좋은 아늑한 곳에서 중요한 미팅이나 개인 업무를 처리했다. 편안한 장소는 그 나름의 장점이 많지만 사람을 안주하게 하기도 한다. 그렇기에 나는 계약 기간이 끝나고 바로 나왔다.

카지노에는 소파가 없다.

만들다

• 본격적으로 시작된 베트남 미니호텔 만들기 •

앞서 언급한, 나에게 인연처럼 다가온 건물의 이야기는 대략 이렇다. 어디나 그렇지만 건물주는 부자였다. 건물주의 네 살 된 아이는 비염이 있었고, 아이의 엄마는 적절한 습도가 유지되는 온화한 기후인 호치민에서 아이를 건강하게 키우기 위해 정성을 들여 저택을 지었다. 부인의 취향이 반영된 우아한 바로크 스타일의 외관도 아름답지만, 공간마다 느껴지는 아이와 가족을 위한 사랑이 향기로운 체취처럼 남아 있었다.

아이의 키가 커가듯 계단식으로 설계된 가족 수영장은 키 작은 아이가 가족과 함께 안전하게 즐길 수 있게 하기 위한 배려였으리라. 아담한 수영장 바닥에는 진흙과 이물질이 섞인 물이 고여 계단식 잉어 연못이 되어 있었다. 두 마리 잉어는 제 몸이 살짝 잠길 정도의 얕은 물에서 유유히 헤엄치고 있었다. 이 잉어들은 대체 어디서 왔을까? 뭘 먹고 살았을까? 대단한 생명이다.

가족을 위한 기도로 채워질 부인의 기도실 작은 창문의 채광은 경건하고 고요했으며, 프랑스 부부가 디자인한 외관은 수년간 건물이 방치되어 있던 그때조차도 중세 고성처럼 위엄이 있었다.

다만 가족의 저택으로 지어진 건물이라 호텔로 활용하기에는 규모가 다소 작은 듯했다. 복잡하고 정교한 바로크식 외관과 건물의 구조는 상업용 건물로의 활용도도 떨어지는 편이었다. 그래서 7년간 마땅한 활용처를 찾지 못해 방치되어 있었으리라. 하지만 이 모든 것들이 나의 미니호텔 프로젝트에는 적당했다. 크기도 적당하고, 따뜻한 이야기를 담고 있는 아기자기 다양한 공간도, 외관부터 풍기는 우아하고 독특한 프랑스풍 느낌도 모두 마음에 들었다.

작은 크기는 적절한 규모와 개수의 객실로 활용할 수 있고, 다양한 공간 구성은 다양한 콘셉트를 소화할 수 있다. 바로크 양식의 외관과 내부는 외국인에게도 베트남 현지인에게도 아련한 신비감을 주기에 충분했다. 한국에서 검증된 미니호텔의 콘셉트와 디자인, 운영방식을 적용해 운영한다면 충분한 승산이 있을 것이라는 판단이 들었다.

• 편지 한 장으로 계약을 성사시키다 •

이 건물을 미니호텔로 짓겠다고 결정한 이상, 계약을 위해 건물주를 만나야 했다. 건물은 부부 명의로 되어 있었고, 계약은 부인 쪽과 진행되었다. 하노이에서 만난 건물주는 건축 디자인에 조예가 깊은 우아한 여성이었다. 건물에서 느껴지던 친절함과 친근함을 가진.

다만 어디나, 누구와도 그러하듯 흥정은 필요한 법. 건물 임차 조건에 대한 흥정이 시작되었다. 하지만 계약서와 숫자만으로 무의미한 시간을 끌고 싶지 않았다. 나는 방치된 건물의 사진 한 장을 보여주었다. 폐기물인지 건축자재인지 모를 잡동사니들로 가득 찬 건물 내부. 그러나 건물 특유의 채광이 비친 그 공간은 묘하게 고요하고 아름다웠다

계약하다   53

Hi! Ms, Yen.
This is kwak.

I tried not to disturd your trip by deleting the item.
I apologize for your concern caused by unintended
miscommunication.

Last Sunday, I went to your building with my architect
friend.

There were small fish playing int the swimming pool,
the ceiling was shining with the reflection of sunlight.
The building was still beautiful as it is.

but the building is not finished yet,
there are more things to do than expected.

Although this MOU is not the official contract, but the
MOU promise of Miss Yen is very important to me ^^

As you started to dream and design this building 7 years

ago, We are also preparing this project with dream and filled with passion.

I believe It is the most important thing to keep the faith to maintain long term partnership.

Thank you & take care~

Best regards Mr.Kwak.

"이렇게 방치되었어도, 아름다운 건물입니다. 이렇게 방치되기에는 너무 아깝지 않나요?"라고, 나는 건물주에게 마치 내 아이를 자랑하듯 사진을 보여주며 무엇이 중요한지를 전달했다. 건물주만큼의 애정이 있고, 그 건물의 아름다움을 잘 알고 있으며, 누구보다 잘 되살려낼 수 있음을. 사람의 마음은 통하기 마련이다.

사업을 할 때도 마찬가지이다. 그 대상에 대한 서로의 애정을 확인하게 된다면 더 이상의 흥정은 필요 없다. 부인과 나의 공통의 관심사인 건물의 미래 가치에 대한 의견일치를 확인했고, 그 이후로 계약은 순조롭게 진행되었다.

이제, 비밀의 정원은 깨어날 준비를 마쳤다.

베트남 상가 임대 시
꼭 알아야 할 체크포인트!

건물 단위의 임대차 계약이 아니라고 하더라도 소상공인으로 베트남 창업을 위해 부동산임대를 검토하고 있다면, 반드시 체크해야 할 사항이 있다. 특히 베트남은 한국과 같은 임대차 보호법이 없으며, 제도적 차이가 존재한다는 점을 염두에 두어야 한다.

1. 소유증명서의 소유주와 물건을 반드시 확인해야 한다

한국의 경우, 부동산에서 의무적으로 확인해주는 사항이지만, 이것이 익숙하지 않은 베트남에서는 직접 확인하는 꼼꼼함이 필요하다. 이른바 '핑크북'이라고 불기는 소유증명서의 등기 이름과 신분증을 반드시 대조해야 한다. 이 내용은 한국에서도 반드시 확인해야 할 기본 중의 기본이다.

2. 임대부가세

베트남은 임대소득이 연간 1억 동을 초과하면 임대부가세를 낸
다. 임대료 부가세는 5%이며 아울러 임대소득에 대한 소득세
도 5%이다. 바로 이 금액 10%(임대료 부가세 5% + 임대소
득세 5%)를 임차인에게 전가하는 경우가 많다.

3. 임대방법 확인

베트남은 전세제도가 없다. 보증금과 월세를 선지급하는 방식
으로, 보증금은 월세 기준 1~3개월에 해당하는 금액을 요구하
는 경우가 많다.

상가의 경우 임대 계약 기간은 장기가 유리하다. 주택과 달리
시설투자 비용이 많이 들어가는 상황에서 임대 계약 기간이 짧
다 보면 재계약 시 무리한 임대료를 요구할 수 있다. 한국의 경
우, 임대차보호법이 있지만 베트남의 경우, 아직 법제적 보완이
없기 때문에 감가상각을 충분히 충당할 만큼 장기계약이 유리
한 것이다.

4. 시설보증금을 반드시 확인할 것

앞서 말했듯, 베트남은 임대차 보호법이 없으므로 갑작스러운

임대료 인상을 요구하는 경우가 있다. 위약금을 줄 테니 나가라는 것인데, 일반적인 임대차 계약서의 위약금은 보증금의 2배 정도에 그치기 때문에 초기 시설투자금에 못 미치는 경우가 많다. 따라서, 계약 시에는 반드시 시설투자 비용을 산출해 위약금에 포함하도록 한다. 투자금을 보장받을 수 있으며, 임대인의 횡포를 사전에 막는 효과도 기대할 수 있다.

5. 상가임대 계약서 공증

베트남의 계약도 공증이 가능하다. 특히 외국인의 경우, 사업자 외국인투자법인 설립 시 임대 계약서는 필수사항이다. 따라서 계약 전 공증 가능 여부를 반드시 확인해야 한다.

6. 상가임차 목적에 부합하는 사업허가 여부 확인

한국도 마찬가지지만, 임대건물이 사업목적 용도에 맞지 않아 허가되지 않는 경우가 있다. 베트남에서는 그 경우 임대비용을 돌려받기 어렵기 때문에 사전에 임대목적 물건이 사업용도 목적에 부합하는지 반드시 확인해야 한다. 업종에 따른 라이선스 취득도 사전에 준비하는 것이 좋다.

7. 전문 파트너를 통하는 방법

사실 모든 사항을 체크했다고 해도 어떤 변수가 생길지 모르는 데다가 모든 사항을 비전문가가 완벽하게 체크한다는 것은 어려운 일이다. 따라서 경험과 역량이 있는 법률, 사업적 파트너를 통하는 것도 시간과 비용, 위험을 절감하는 방법이다.

2장
구성하다

• 미니호텔 프로젝트의 어벤져스 어셈블 •

능력도, 외모도, 출신도 너무도 다른 그들이 한 팀이 되어 불가능할 것 같던 일을 해낸다. 물론, 갈등도 어려움도 있지만, 그렇기에 그 성과는 더욱 값지다. '어벤져스 어셈블'이다.

우리의 프로젝트도 '다국적 어셈블'이다. 베트남 사람이 꿈꾸고, 프랑스인이 디자인해서 빚어낸 건물에 한국인이 생기를 불어넣는다. 한국인이 디자인하고 한국과 베트남의 건축가가 협업을 한다. 공사현장에는 베트남 현지 파트너들의 손끝에서 건물이 모양을 드러내고, 중국의 파트너가 생산한 디자인 오브제로 공간을 채워 나간다. 하나의 목표를 위해 모인 사람들. 한국, 베트남, 중국이라는 국적의 차이는 의미가 없다. 동양의 정서, 동남아의 다양성, 프랑스와 유럽의 문화적 감각이 어우러진 이곳, 베트남처럼.

어떤 일이든 비슷하겠지만, 하나의 호텔을 만들어내는 작업은 많은 사람과 그들이 노력한 성과의 집합체이다. 철학과 콘셉트를 공간에 담기 위해 디자인하고, 이를 실현시켜야 한다. 공사 과정에는 더 많은 사람의 협업이 필요하다. 안락하고 아름답게 내부를 꾸미고, 채워야 한다. 이름을 짓고, 이야기를 담아내야 한다. 이 모든 일련의 과정은 조화롭게 하나의 목표를 향해 실현되어야 한다. 다행히도 나는 미니호텔 프로젝트를 시작하며 각국에서 모인 능력 있는 구성원들로 다채로운 관점과 철학을 가진 팀을 구성할 수 있었다. 이미 좋은 인연이었던 팀은 이번에도 아낌없이 실력을 발휘했으며, 현지에서 합류한 팀은 만족할 만한 성과로 새롭게 좋은 인연이 되었다. 베트남 현지 팀이 보여주었던 다양한 개성과 면면들은 베트남 비즈니스환경을 좀 더 현장감 있게 이해할 수 있는 좋은 경험이 되어 주었다.

아이를 위해 함께 꿈꾸다, 초기 디자인

이 건물의 탄생은 아이에 대한 사랑에서 시작되었다. 프랑스 문화의 흔적이 짙은 베트남이기에, 베트남 부부의 미감은 우아하고 섬세한 프랑스 본토에 있을 법한 건물 디자인을 원했을 것이다. 그들의 꿈은 프랑스 건축가 부부가 설계한 바로크식 외관의 건물로 실현되었다.

아이에 대한 사랑은 국경을 초월해 동일한 관심사이기에, 베트남 부부와 프랑스 부부는 많은 대화를 나누었을 것이다. 또 단순한 건물의 외관이 아니라, 그 안에서 함께 살 가족의 이야기가 중요했을 것이기에, 작은 자투리 공간 하나까지도 함께할 가족의 삶을 상상하고 배려한 결과물이었을 것이다. 그들이 남긴 꿈의 흔적은 우리 프로젝트에서 다양한 쓸모와 이야기를 가진 좋은 토양이 되어 주었다.

▼ 건물 최초 디자인

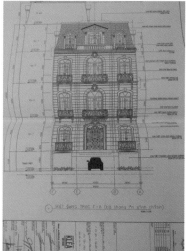

▲ 최초 설계도면

공간에 스토리를 담다, 호텔 디자이너

가장 먼저 공간에 이야기를 담아야 했다. 단순히 사람이 들어 왔다가 나가는 공간이 아닌, 저마다의 생생한 이야기를 가진 살아 있는 공간을 창조해낼 수 있는 디자이너가 필요했다. 이 건물의 이야기를 들어주고 조화롭게 담아줄 공간 이야기꾼 말이다.

그에 딱 맞는 사람이 있었다. 프로젝트를 시작하기 전부터 내 마음에는 내정되어 있었던, 나와는 이미 몇 차례 프로젝트를 성공적으로 진행한 베테랑 호텔 디자이너, 장(Chang)이다. 한국뿐 아니라 중국에서도 호텔디자이너로 활동하고 있는 장은 이 공간을 누구보다 잘 표현해줄 것이었다.

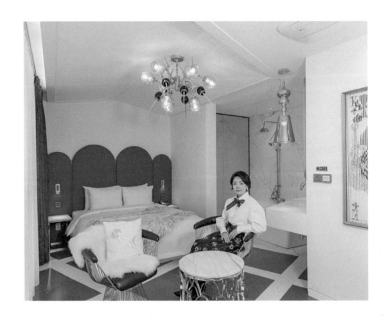

장은 다음 날부터 바로 합류했다. 그는 사색하듯, 유람하듯 느린 걸음으로 건물 구석구석을 몇 번이고 주유했다. 때로는 공간에 말을 거는 것 같았고, 때로는 공간의 이야기를 듣는 것 같았다. 이렇게 장은 공간마다 이야기를 채워 넣고 이름을 만들어주었다.

성공의 경험은 누적될수록 삶에 배어들기 마련이다. 함께 만든 성공은 서로 간 신뢰로 누적되어, 좋은 인연으로 이어진다. 좋은 인연은 시간과 심리적 비용을 아껴준다. 그래서 항상 함께하는 성공의 경험은 작은 것이라도 소중한 것이고, 작은 인연이라 할지라도 매사에 충실해야 한다.

이상과 현실의 조화, 철학 있는 공간을 실체화하다

이제, 이야기로만 존재하는 호텔을 현실 공간에 실체화시켜줄 사람이 필요했다. 상상을 2차원의 도면 위에 구체화하고, 현실의 3차원 공간에 실체화할 공간 창조자.

기획하고 만들고 운영하는 것이 일련의 호텔 프로젝트라면 호텔의 실체를 만드는 일은 비중이 큰 만큼 중요한 일이다. 묵직한 존재감만큼 많은 업체와 사람을 만났지만, 걱정은 더해갈 뿐이었다. 프로젝트에 대한 애정이나 비전 없이 숫자로 나타나는 이익에만 관심이 있는 듯했기 때문이다. 일의 중요성만큼 비전과 애정을 함께 나눌 수 있는 진짜 파트너가 필요했다.

인연의 발단은 작은 것에서 시작한다. 우연한 만남, 짧은 대화 같은. 하지만 인연이란 묘한 것이어서 천 리 떨어진 사람과 어느새 만나 부부가 되기도 한다. 이제는 수십 년 함께한 부부인 듯 익숙해진, 나의 건축가 친구가 문득 떠오른 것은 묘한 인연이 닿아 있었기 때문일지도 모른다.

그는 스테디셀러 작가로, 독자의 입장에서 봤을 때 자신만의 철학이 있는 건축가였기에 좋은 인연이 될 수 있을 것 같았다.

이런 고민과 상황을 친구에게 무작정 메일로 전달했고, 나와는 일을 같이 해본 적 없음에도, 친구는 그리 오래 고민하지 않았다. 너무 빠른 결정에 오히려 고민의 키는 나에게 넘어왔다. 그리고 그 고민은 프로젝트 초기 이상과 현실의 간극으로 나타났다. 물론, 그 간극은 결과적으로는 철학 있는 공간을 실현시켜주는 원동력이 되었다.

친구는 이상을 구체화하는 방법을 알고 있었고, 현실적 감각을 중요시하는 나의 이견도 성숙하게 수용하고 조율해주었다. 사건, 사고가 쉴 새 없이 이어지는 현장에서 작은 부분 하나까지도 세심하게 챙기면서 말이다. 무엇보다 돈만 생각하며 일하는 친구가 아니었다. 나는 돈만 생각하는 사람과 일할 때 최고의 결과가 나올 수 없음을 경험을 통해 익히 알고 있었다. 따라서 일에 진중한 자세로 임하는 친구를 존중할 수밖에 없었다.

한 프로젝트가 완성되기까지는 항상 그렇듯 많은 문제가 생기고 해결된다. 단 며칠의 느긋한 여행길에도 갈등이 생길 수밖에 없는데, 자금부터 현장까지, 끝도 없이 현실적인 문제가 이어지는 업무 현장이야 말할 것도 없다. 성향에서 취향까지 정말 다른 중년 사춘기 아저씨 둘이기에 티격태격 서로의 속을 무던히도 썩였다. 별거 아닌 문제, 정말 별거인 문제, 일에 대한 문제, 일과 관련 없는 문제까지….

그래도 나름 사회적 지위와 체면이 있는 두 중년 아저씨였기에, 나름의 연륜대로 하나씩 적응해갔다. 적당한 거리와 관찰, 그리고 이해. 두 사람의 다른 관점이 시간이 지날수록 넓은 시야가 되었고, 다른 성향은 신선한 대안을 만들었다. 지금 생각해보면 베트남에서 함께 살아준 친구가 나에게 심리적 안정이 되어 주었음은 부인할 수 없는 사실이다. 티격태격, 다름의 순간조차도 말이다.

우정이란 인간관계에서 성숙한 모습이다. 나와 다른 부분을 많이 지닌 성숙한 친구를 만나는 것은 당신 인생에 대행운이다. 다양한 관점을 가지게 되며 최종 발전적인 방향으로 나아갈 수 있기 때문이다.

> 사업은 돈을 벌기 위해 하는 것이다. 하지만 사업 또한 돈만 생각하며 진행하면 좋은 결과를 얻을 수 없다. 돈만 생각하는 경영자는 동료들과 같은 곳을 바라보기보다는 어떻게든 손해 보지 않고 자신이 더 많은 이익을 얻을지만 주구장창 생각할 것이기 때문이다.
>
> 목표를 향해 모두가 열정을 쏟을 때 결과가 있고 그 보상은 운이 좋으면 자연스레 따라오는 것이다. 이상한 건 이런 경우 대부분 운도 좋다는 점이다.

2부 만들다

공간에 생기를 불어넣다, 플라워리스트

나는 생화가 좋다. 꽃들은 자신의 생명력을 아름다움이라는 언어로 전달한다. 정령이 살아 있는 비밀의 정원, '르 자르댕 시크릿 사이공'을 꽃의 아름다운 수다로 채우고 싶었다.

강사로도 유명한 유(You)는 바쁜 일정 중에도 시간을 내주었다. 나중에 우연히 알게 된 사실 하나, 우리 호텔 이름과 유가 한국에서 운영하는 꽃가게의 이름이 같다는 것이다. 꽃이 이어준 또 하나의 인연  이다. 프랑스에서 공부한 그녀는 베트남 꽃시장에 관심이 많았다.

유의 설명에 따르면, 남북으로 길쭉한 베트남에서는 지형 특성상 1년 내내 다양한 품종의 꽃을 만날 수 있다고 한다. 게다가 베트남 사람들의 꽃 사랑은 대단해서 각 가정은 물론 공공장소에서도 꽃으로 장식하는 것을 즐기고, 좋은 일이나 행사에는 반드시 꽃과 함께한다고 한다. 베트남에서의 화훼산업의 수출과 내수 시장 모두 주목해볼 만했다.

호텔의 개성을 표현하다, 유니폼 디자이너

공간은 사람으로 채워진다. 호텔을 살아 숨 쉬게 하는 것은 결국 사람이다. 직원들의 작은 움직임에서 미소 하나까지 호텔의 개성을 드러내는 법, 그렇기에 직원들의 유니폼은 호텔의 개성을 표현하는 데 중요한 역할을 한다.

물론 이런 필요만이 아니라, 힘든 호텔 오픈을 낯선 한국인과 고생한 직원들에게 선물해 주고 싶은 마음이 더 컸다. 편안하고 좋은 옷을 입으면 일하는 것이 즐거워지기 마련이니까. 이런 마음이 담긴 예쁜 유니폼을 제작하려고 마음먹었을 때, 강 선생님 외에는 떠오르는 이가 없었다.

평소 알고 지내던 강 선생님은 의상으로 연출가와 배우, 관객을 이어주는 무대 의상 디자이너. 사람과의 관계를 소중히 여기는 강 선생님이기에 인연이 닿은 나의 부탁을 들어주셨던 것 같다. 물론, 아이들 뮤지컬 같은 작은 공연일지라도 단추 하나에까지 의미를 담아 혼신의 힘을 쏟으시는 분에게 개인적인 부탁 말씀을 드리자니 난감했지만 직원들을 위해 용기를 내었다.

서울에 계시는 분께 현지의 분위기를 설명하고자 호텔 사진과 직원들 사진을 찍어 보내드렸다. 강 선생님은 직원들 사신에서 애정이 묻어난다 웃으시며 한명 한명 치수를 재어 보내달라 하시고 우리 호텔의 이야기를 그대로 담은 옷을 제작해 주셨다.

도시 속 비밀정원, 그 문을 열면 밀려오는 지중해 빛 청량감을 담아낸 컬러, 호텔의 격식과 리조트의 편안함을 함께 담아내기 위한 디자인... 열마디 말보다 백 구절의 글보다 한껏 꾸며낸 사진이나 영상보다 호텔의 개성을 잘 드러내는 언어. 공간을 채우는 직원들의 유니폼에서 표현해 주셨다.

디자인 감각에 뛰어난 제작 역량까지, 진진 이사

세부적인 것 하나까지도 오리진(origin) 작가주의를 고집하는 건축가 친구와 달리 나는 실용적이고 대중적이다. 하지만 우리 두 사람이 의견일치를 보는 접점이 있다면, 그것은 바로 공간을 구성하는 가구, 조명과 소품에 이르기까지 공간을 채우는 오브제들은 온전히 그 공간을 표현할 수 있어야 한다는 점이다.

내가 선택한 절충안은 원하는 디자인에 가장 근접한 제품을 선택하거나 제작하는 것이었다. 오브제 제작은 베트남에서도 가능했지만 아직은 중국에 비해 미흡한 면이 많았기에, 중국 현지

파트너에게 도움을 요청했다.원하는 가구와 오브제들의 디자인
과 소재를 결정해 전달하면, 중국 현지에서의 구매를 대행해 주
거나 필요한 경우에는 제작까지 가능한 파트너가 필요했다.

바로 이 자리에 적격인 인물, 매입실
력은 물론이고, 디자인 감각과 제작역량
을 갖추고 있는 진진 이사는 이전 프로젝
트에서부터 알고 지내온 분으로 중국에서
뵌 바로는 광저우시장의 스트리트 파이터
였다. 무엇이든 주문하면 세계 어디든 가
져다 주실 듯했다.

덧붙여 베트남 진출을 희망하는 사람이라면, 베트남 인테리어
시장의 성장 잠재력도 살펴볼 필요가 있다. 물론 현재 베트남 인
테리어시장은 그에 비하면 걸음마 수준이다. 그러나 지속적인 중
산층 급증, 가속화되는 도시화, 주거 및 산업 전반에 걸친 부동산
시장의 활기를 양분으로 베트남 인테리어시장은 빠르게 성장하
고 있다. 특히 젊은 도시에 거주하는 계층을 중심으로 빠른 성장
세를 보이는 가구와 생활용품 산업도 주목할 만하다.

내 친구 닥터 HA

모든 것이 낯설고 불안하던
사업 초기, 집에 온 듯 뜨끈
한 한국의 정을 베트남에서
느꼈다.

닥터 HA는 의료 교류 차원
에서 한국에 와 있었던 당
시 베트남 선생님의 소개로
만난 베트남 친구이다. 베
트남으로 돌아간 닥터 HA

는 친구 Mr. 곽이 사업 차 베트남에 있다는 소식을 전해 듣고
연락처를 찾아 나에게 연락을 했고, 맛있는 식사를 대접했다.
예쁜 케이크와 함께. 더욱이 내 친구까지 초대를 허락해 주어
더욱 즐거운 분위기가 되었다.

그렇게 중년 남자 셋이서 고급 레스토랑에서 케이크에 촛불을
켜 놓고 함께한 저녁 식사는 은근하지만 따뜻한 한국의 정을

느끼게 해주었다.

최근 닥터 하는 베트남 종합병원에서 의사로 근무하면서 작은 개인 병원을 개원했다고 한다. 놀랍게도 이 병원은 봉사를 목적으로 설립했다고 한다. 닥터 HA는 베트남의 신엘리트 계층이다. 한 마디로 노블리스 오블리쥬라는 것이다.

베트남의 미래는 밝다.

같은 업을 하는 이들은 통한다. 무용가들은 춤으로, 음악가들은 음악으로 소통하듯, 같은 업을 하는 사람들에게는 그들만의 언어로 소통한다.

도면으로 대화하다. 베트남 건축가

공사현장에서 만난 한 베트남 건축가와 나의 건축가 친구는 도면의 점과 선으로 대화했기에 언어는 장벽이 되지 못했다. 게다가 두 사람은 묘하게 합이 잘 맞았는데, 비슷한 성향이 큰 몫을 했던 것 같다. 일을 대하는 자세에서 개인적인 성향까지… 출신도 나이도 다른 사람들이 모여 일할 때 원활한 소통은 무엇보다 중요하다. 나중에 친구에게 들은 바로는 베트남 건축가의 호감 가는 외모도

마음에 들었다고 한다. 비즈니스도 사람이 하는 일인지라 옷차림이나 예의, 작은 미소와 같은 인간적인 호감도 무시할 수 없다.

그렇게 묘하게 합이 잘 맞았던 두 사람은 쓰지도 않는 선글라스를 항상 가슴 한가운데 꽂고 다녔다. 별명 짓기 좋아하는 나는 그들을 '선글라스 브라더스'라고 불렀다. 신기하게도 두 사람이 하면 묘하게 멋스러워 보였다. 자신만의 멋스러움이 있는 사람들과 일하는 것은 언제나 즐거운 일이다.

사람은 향기가 나야 한다. 향기를 내는 방법 중 하나는 예술적 취향이나 기타 취미로 다른 사람의 삶을 풍요롭게 해주는 방법이 있다. 혹시 본인이 향기가 아닌 돈 냄새로 주위에 사람이 있게 하고 있는지 뒤돌아보자. 아직 냄새라도 나서 사람이 있다면 다행이다. 쩐내가 짠내로 바뀌는 순간 슬퍼지니.

상대방의 언어를 배우는 노력. 전기 사장

계약이라는 것은 언제나 긴장감이 동반되기 마련이다. 특히나 낯선 환경에서라면 더더욱 그렇다. 그렇기에 낯선 베트남에서, 그것도 금액이 큰 전기공사 계약은 미니호텔 프로젝트가 넘어야 할 큰 산이었다. 전기나 수도 같은 인프라 공사는 공사의 규

모가 큰 만큼 금액도 크기 때문에, 한 번의 실수로 파생되는 충격은 클 수밖에 없다. 장기간 영업에 지장을 줄 수도 있고, 최악의 경우 안전과도 직결된다. 실제로 계약 전 전기회사 직원들은 호텔을 수차례 답사하는 신중함을 보였는데, 그때마다 나는 누름돌 아래 장아찌처럼 진이 빠져 갔다. 사정이 이렇다 보니, 계약 당일 잔뜩 긴장해 있던 나와는 달리, 전기 사장은 특유의 소년 같은 함박웃음을 지으며 인사했다.

"나이스 투 미츄!"

현재 꾸준히 증가하는 외국계 기업의 진출과 비례하여 외국계 기업을 대상으로 하는 공사 수주도 증가하는 추세다. 이런 시류에 발 빠르게 올라타 견실한 성장을 거듭하고 있는 베트남 현지

기업들이 늘어가고 있는데, 전기 사장의 회사도 이런 기업 중 하나였다. 항상 오토바이를 타고 다니는 수수한 그의 모습과 달리, 그의 회사는 외국계 기업과 국가 공사경험이 풍부한 업체로, 직원이 100여 명에 달하는 중견 기업이었다.

그는 계약서를 앞에 두고 여유 있는 표정으로, 네가 뭘 원하는지 안다는 듯 물었다.

"하우 마취 디스카운트, 두 유 원트?"

사실 가격협상을 원했던 나는 제안할 내용을 구글로 번역해 미리 외워서 준비해갔다. 하지만 막상 상대방에게서 제안을 받으니 당황스러웠다. 견실한 중견 기업의 사장이 계약서를 바로 앞에 두고 "얼마 원해요? 맞춰 줄게요"라고 하다니. 나는 냉큼 베트남어로 "당신 직원이 한 달 내내 다녀갔다. 당신 직원들 수고를 위해서도 꼭 계약하고 싶다. 좋은 가격을 오히려 제시해 달라" 서툴지만 베트남어로 대답하는 나에게, 그는 더 호감이 생긴 눈치였다. 내 대답을 듣더니 합리적인 가격을 제시했고 내가 만족할 만한 가격이었다.

나의 이 사례처럼, 베트남의 일부 비즈니스 현장에는 아직 협상 문화가 존재한다. 베트남의 이러한 협상 문화는 인적 네트워크가 바탕을 이루고 있다. 인간적인 정을 중시하는 베트남은 인적 네트워크인 '꽌해(관계)'를 중시한다는 것도 잘 알아둔다면 베트남 비즈니스에 도움이 될 것이다.

한번은 사적인 자리에서 전기 사장에게 사업성공비결을 물어본 적이 있다. 외국인과 일하기 위해 영어 과외를 받고 있는 그는 영어로 웃으며 이렇게 대답했다.

"메이비… 트러스트?"

실제로 인적 네트워크를 신뢰하는 그는 행정적인 이유로 인한 몇 차례의 대금 지급 일정의 차질에도 한 번도 재촉하는 법이 없었다.

베트남은 창업 중, 금속 사장

손에 들어가는 작은 수첩과 볼펜, 교과서에 나올 듯 원칙에 맞춰 장착한 안전모, 그 모습대로 꼼꼼한 일 처리가 돋보이는 금속 사장은 호텔공사에 합류할 때만 해도 소속된 회사 없이 개인적으로 일하고 있었다. 아마도 그의 작은 수첩은 나의 이동사무실인

가방과 비슷한 기능이지 않았을까 싶다. 그러던 금속 사장은 호텔 공사가 마무리될 무렵에는 그의 이름으로 회사를 차렸다.

바야흐로, 베트남은 창업 중이다. 국민 평균 연령이 약 30세라는 베트남은 동남아에서 창업 열기가 가장 뜨거운 나라로 꼽힌다. 이른바, '스타트업의 시대'로 접어들고 있는 것이다. 창업의 열기는 공사현장에서 외식, 교육, 부동산, IT 컨설팅의 영역까지 전 영역에 걸쳐 뜨겁게 달아오르고 있다. 2016년 '국가창업의 해'로 지정해 지원하기 시작한 이후, 베트남 정부도 매년 지원을 확대해가며 창업 열기에 힘을 실어주고 있다. 베트남 비즈니스 토양이 기름져가고 있는 것이다.

캐시 스웩, 석고 사장

스웩 가득한 석고 사장은 공사현장 날씨가 아무리 더워도 긴 소매, 긴바지를 고수한다. 그리고 결제도 꼭 현금을 고수한다.

우리 부모세대에게 최고의 선물은? 단연 현금이다. 베트남 역시 현금이 최고다. 그것도, 두 손에 두둑이 쥐어지는 지폐.

베트남의 제도적 장치나 기반 시설은 아직 한국의 1980년대 수준에 머물러 있는 경우가 많다. 아직도 도시를 제외한 농촌 지역에서는 담당자가 돌아다니며 공과금을 현금으로 수납하는 모습을 흔히 볼 수 있다. 물론, 도시에서도 공사현장이나 시장에서는 당연히 현금 선호도가 높다.

일반적으로 정부는 돈을 흐름을 좀 더 투명하게 관리하기를 원하는데, 현금을 기반으로 한 경제에서는 한계가 있을 수밖에 없다. 한국도 1990년대 금융실명제로 혁신적인 조치를 취했던 것처럼 현재 베트남 정부도 '전자결제 활성 및 전자결제를 통한 조세관리 개선'을 위해 거래의 실명화, 전자화 방안을 마련하는 대대적인 움직임을 보이고 있다. 다행히, 베트남 인구의 70%에 달하는 35세 미만의 인구를 중심으로 모바일경제 생태계가 증가함에 따라 빠르게 전자금융에 적응해가고 있다. 베트남은 신흥국 중 현재 가장 빠른 모바일결제 성장률을 보이며, 관련 영역의 스타트업도 빠르게 증가하고 있다. 전자결제 시스템은 아직까지 온도 차는 있으나 도시를 중심으로 빠르게 확산될 것이다.

따라서 베트남에서 사업할 때는 지금부터라도 투명한 자금관리를 실천하고 대비해야 할 필요가 있다. 한국에서뿐 아니라 해외에서도 세금은 반드시 납부해야 한다. 국내외 자금 관리를 투명하게 하고 성실한 세금 납부가 오히려 절세 전략이며 위험을 줄이는 길임을 말씀드린다.

베트남 스파이더맨, 페인트 사장

맨발에 맨손으로, 밧줄도 없이 벽을 타고 올라가며 작업하던 페인트 사장. 보기만 해도 아찔한 그 좁은 난간에서 안정적으로 기대 너무도 편안한 휴식을 취하던 그의 실루엣은 볼 때마다 스파이더맨의 한 장면을 연상케 한다.

지금에야 익숙하지만, 안전모에 조끼, 안전화에 이르기까지 각종 보호장구를 의무적으로 갖춰야 하는 한국의 공사현장에 익숙한 나에게는 한여름의 납량 특집이 따로 없었다. 하긴, 그 옛날 80년대에 한국의 공사현장도 크게 다르지 않았다.

베트남에는 아직 산업 안전에 대한 지침과 관리, 감독이 미흡한 편이다. 그러나 다행히도 베트남 정부의 산업 안전보건 강화에 대한 의지가 점차 높아지고 있을 뿐 아니라, 1위 투자국인 한국에서도 베트남 산업 안전보건 강화를 위한 기술 지원을 확대하고 있다고 한다. 산업 안전보건의 한류 바람이라 할 만하다.

수제 맛집, 미장 사장

베트남 현장에는 아직도 손으로 작업하는, 이른바 수작업의 비중이 높다. 실제 우리 호텔의 경우에도 벽체의 마감은 물론 벽면을 장식한 몰드 하나하나 모두 미장으로 만들었다. 한국의 경우, 기성품을 조립하여 완성하는 방식인 데 반해 이곳에서는 수작업으로 진행하는 것이 일반적이다. 인건비도 높고 수급도 불안정한 미장 장인에 비해 기성품은 저렴한 데다 공급량도 충분하니 한국에서는 여러모로 기성품을 사용하는 것이 유리하다.

하지만 베트남은 기성품 대비 인건비투입이 상대적으로 저렴하고, 공급량도 충분하기 때문에 수작업으로 진행하는 것이 비용이나 여러모로 유리하다. 물론 미장 장인의 장인정신은 덤. 실제로 아르데코 스타일의 메인 계단처럼 사람의 손이 거쳐 가면 독특한 온기와 섬세함이 더해진다. 살짝 어긋난 듯한 난간까지도.

베트남 진출의 가장 큰 매력 중 하나는 저렴한 인건비이다. 매출은 경제성장률만큼 증가하는데 베트남의 인건비는 아직 저렴한 수준이기 때문에 투자수익이 높기 때문이다. 심지어 젊고 역량 있는 인력을 활용할 수 있다. 다만 2020년 들어 베트남은 최저임금 인상률을 5.5% 인상했듯 베트남의 인건비도 꾸준히 증가하고, 노동시장도 개선되어 갈 것이다. 저렴한 인건비에만 의존하는 사업보다는 베트남 내수시장을 공략할 수 있는 사업을 고민해야 할 때이다.

3장

디자인하다

• 호텔의 콘셉트, 핫하게 그리고 고급스럽게! •

"러브호텔이어야 해요."

호텔업에 관심이 많은 그는 또래의 베트남 젊음이 필요로 하는 것이 무엇인지 정확히 이해하고 있었다.

호텔업도 베트남 내수시장에 눈을 돌려, 베트남 젊은이들이 원하는 라이프스타일을 팔아야 할 때가 온 것이다.

한국의 평균 연령이 42.1세인데 비해 베트남의 평균 연령은 31세로 무척이나 젊다. 그래서인지 베트남 젊은이들 사이에 가장 화제가 되는 앱은 데이트매칭 앱이다. '틴터' 같은 앱도 사용자가 많으며 데이트매칭 TV 프로그램도 장수프로그램으로 자리 잡은 지 오래다.

이처럼 젊은 나라 베트남은 지금 가슴 뛰는 연애 중이다. 맛집에서 식사하고 영화관이나 대형마트에서 데이트를 즐긴다. 낭만적인 데이트를 SNS에 올린다. 베트남 젊은이들의 라이프스타일은 한국 젊은이들과 다르지 않다.

모든 연인은 그들만의 공간이 필요하다. 젊은 연인에게 특별한 경험과 기억을 만들어주는 비밀스럽고 아름다운 공간.

이제 베트남은 제조수출 국가에서 내수소비 국가로 발전해가고 있다. 베트남의 내수시장에 눈을 돌릴 때다. 사업 승패의 향방은 전 인구의 70%에 달하는 젊은이들에게 있다. 이런 베트남 젊은이들에게 필요한 것은 그들만의 핫하고 고급스러운 공간이었다.

이제 호텔의 이름과 로고를 만들어야 했다. 내가 꿈꾸는 이 호텔의 이미지를 잘 살려줄 이름이 필요했다. 계속된 고민 중에 내가 자주 가던 레스토랑이 떠올랐다. 너무 소란스럽지도 너무 고급스럽지도 않은 분위기가 편해서 자주 가던 레스토랑이었다. 눈치챘겠지만, 레스토랑 이름은 '비밀의 정원'이다. 혼자의 시간을 보내기 위해 간혹 찾던 카페의 이름은 편안하고 내밀한, 비밀공간이라는 콘셉트를 구상하던 때에 자연스럽게 머릿속에 떠올랐다. 혼자서 레스토랑에 있는 사람을 구경하고 그들의 이야기로 이런저런 상상을 해보는 내밀한 경험, 나만의 비밀스러운 상상….

나만의 공간에서 느끼는 편안함과 그들만의 비밀로 간직할 만한 색다른 경험을 주고 싶었다. 이름을 떠올릴 때마다 기대할 수 있도록 말이다. 베트남이니까 모두의 추천대로 프랑스어를 살짝, 울림이 마음에 든다.

'Le Jardin Secret in Saigon'

요정이 엿보는 정원, 요정을 엿보는 정원

공항 국제선 라운지, 커피 한 잔을 놓고 사색에 잠겨 있던 비즈니스맨. 문득 아이디어가 떠오른 듯, 급하게 손에 잡히는 냅킨을 집어 들고 무엇인가를 그리기 시작한다. 단숨에 냅킨 메모를 완성한 그는 만족한 듯 냅킨을 주머니에 넣고 게이트 쪽으로 발걸음을 옮긴다. 이 모든 것의 시작은 냅킨이었다.

베트남의 어느 카페, 남자의 의자 한쪽에는 수상한 검은 가방이 놓여 있다. 가만히 창문 밖을 바라다보던 그는 문득 냅킨을 집어 들고 무언가를 그리기 시작한다. 몇 달 후, 베트남 호텔계에 혁신적인 모델이 그 모습을 드러내는데⋯ 이 호텔의 로고 역시 냅킨에서 시작되었다!

로고를 한번 들여다보자. 눈을 살짝 감은 듯한 여성인가? 선이 고운 남성인가? 구분이 안 간다면, 성공이다. 요정이니까. 비밀의 숲에는 정령이 산다. 비밀의 숲에 사는 정령이 창을 통해 살짝 엿보고 있다. 우리도 창을 통해 그 정령을 엿보고 있다. 살짝 내리간 정령의 눈은 반쯤 덮인 눈꺼풀에 숨겨져 있다. 드러난 듯 감춰진 비밀은 상상력을 자극한다.

로고는 브랜드의 심장이다. 브랜드의 정체성, 가치, 메시지를 함축적으로 표현하고 전달한다. 로고는 시각적 상징으로 언어와 문화의 장벽을 초월해 단숨에 전달된다. 처음 만나는 로고는 상상력을 자극해서 브랜드에 대해 상상하고 기대하게 한다. 다시 만난 로고는 브랜드 경험과 화학 작용을 거친 기억을 소환한다.

사람들이 우리의 로고를 처음 볼 때 신비로운 무언가를 느끼고 기대할 수 있기를 바란다. 우리 호텔을 다녀간 고객들이 로고를 볼 때마다 사랑하는 사람과 함께한 비밀스럽고 행복한 기억을 떠올리기를 바란다.

관계 속에 비밀은 매우 소중하다.

서로의 비밀을 아는 공유의 장소가 되기를 상상했다. 고객에게도 호기심에 설레는 공간의 이름이 되길 희망한다. 비밀은 비밀로 지켜질 때 소중하다.

다른 이야기이지만 상대방이 알려지기 싫어하는 사실은 모두 비밀이 된다. 그래서 뒷담화로 남의 결함을 이야기하는 경우는 관계를 망치게 되는 것이다.

Room of Le Jardin Secret.

호텔을 기획할 때 방마다 개성을 주고 싶었다. 처음 호텔 건물을 보았을 때 무언가 비밀과 이야기를 품고 있는 듯했던 그 매력을 살리고 싶었기 때문이다.
그래서 방마다의 위치와 형태를 최대한 살릴 수 있도록 그에 맞춰 인테리어하고 조명과 소품을 포인트로 활용했다.

| 소박한 비밀, 복층형 다락 공간 |

STANDARD

어린 시절, 가졌던 작은 로망. 낮은 천장의 아늑한 다락방에 올라가 나만의 시간을 갖는 것 아닐까. 가장 소중한 나의 친구와 함께 하늘과 가까운 다락방 창문으로 밤하늘의 별을 바라보던 영화 속 한 장면처럼 말이다. 아늑한 다락방 침실에 올라가 마음껏 공상을 펼치던 빨간머리앤의 다락방처럼.

| 화가의 방, 빛과 색채의 그림과 같은 공간 |

한켠에 빛이 쏟아지는 작은 창이 있고, 그 앞에는 유난히 고요한 장면이 펼쳐지는 장면이 특징인 빛의 화가, 페이메르. 국내에서도 인기가 많은 네덜란드 작가이다. 특히, 〈진주 귀걸이를 한 소녀〉를 그린 그림은 영화로도 개봉되면

서 국내에서도 유명한 작품이다. 여주인의 기도실로 쓰일 예정이던 그 방은
높은 곳에 있는 창과 고요함을 주는 단정한 공간이었기에, 채광과 색채가 어
우러지는 화가의 작업실의 모티브로 꾸며졌다.

| 그녀의 방, Her Room |

로비에서 가장 먼 객실은 무언가 비밀을 품고 있을 법하다. 정말 사적이고 내
밀한 나만의 공간, 주변에 보일 것 없이 온전하게 나만의 취향을 드러낼 수
있는 공간. 벽체의 색감에서 소품과 오브제까지 화려한 꽃의 색채를 입혀서
표현했다.

| 샘의 님프 |

Le Jardin Secret, 비밀의 정원 속의 작은 샘에는 수줍음 많은 요정이 살고 있다. 비밀의 정원에서도 깊숙이 숨은 작은 샘. 마치 숲속 깊은 곳에 들어와 있는 듯한 색채와 쉬임없이 졸졸 흐르는 물소리가 들릴 듯한 패턴의 바닥 타일로 마감했다.

| 신데렐라의 골방 |

어두운 골방의 재투성이 소녀. 회색 벽돌로 둘러싼 골방에 있더라도 아름다움은 빛나는 법. 감추어진 내면의 아름다움은 앞으로의 예정된 그녀의 사랑처럼 우아하게 빛이 납니다. 벽체의 단조를 그대로 살려 어둡고 무거운 색채로 거칠게 마감하면서 소품은 우아하고 고급스럽게 정돈했다.

| 아름다운 시절, 벨에포크 |

당신의 '벨에포크'는 언제인가요? 바로 지금 이 순간! 여유로운 시대, 아름다운 햇살, 공간을 채우는 재즈 음률, 행복한 비누 거품 가득한 욕조, 차가운 샴페인. 영화 속 한 장면처럼. 유럽풍의 빈티지한 레트로 타입의 욕조를 포인트로 1920년대의 느긋하고 아름다웠던 유럽에 있는 듯한 Retro 느낌을 표현했다.

| 레이디 고디바 |

VIP ROOM

영혼마저 우아한 레이디, GODIVA. 그녀의 숭고한 치욕에 경의를. 비밀은 금지되기에 더욱 갈망하는 법, 허락되지 않았기에 엿보기는 더욱 큰 욕망이 된다. 찰나의 욕망으로 영원히 어둠에 떨어질지라도. 전체적으로 우아한 침실형 공간으로 꾸미되, 아치형 벽체로 침실을 구분하여 내밀한 느낌을 살리고 욕조와 침대 사이에 벽난로를 연상시키는 칸막이로 살짝 시선을 가려주어 은근한 도발을 상징했다.

| 플로라의 샘 |

숲속 깊은 곳 탐스러운 꽃잎이 흐드러지게 피어있는 아름드리 요정의 나무 아래 플로라의 샘에서 한가로운 여유를 즐기는 숲의 정령들. 마치 숲속 깊은 곳 야외 샘물에서 목욕하는 듯한 느낌을 주는 포토스팟을 포인트로 한 룸이다. 실내에서 실제 꽃나무가 자란 듯한 연출로 숲속에 있는 듯한 환상적인 느낌을 전달하려 했다.

| 마스터스 룸 |

화려한 골드 빛 샹들리에, 우아한 청록색의 바닥과 커튼 전체적으로 우아하

지만 화려하고 도도한 귀족의 거실을 표현했다. 객실에 머무르는 것만으로도

귀부인의 대저택에 머무는 듯한 화려하고 중후한 매력의 스위트룸이다.

4장

공사하다

• 베트남 인적 네트워크 만들기 •

사람 사는 곳에 사람이 사는 건 신기할 것도 없지만, 전혀 의외의 장소에서 의외의 사람을 생각지도 않게 마주치면 당황스럽기 마련이다. 공사 전 건물 지하에서 일가족으로 보이는 베트남인들을 발견했다! 여염집 못지않은 살림살이에 심지어 튼실한 닭이 떡하니 한가로이 돌아다니고 있었다. 자급자족도 가능할 기세였다. 이전 업자가 미납된 공사대금을 받기 위해 집이 없던 자신의 직원들을 살게 하고 있었던 것. 일종의 무단 점유상태. 명도를 위해 때아닌 대치상황에 놓이게 되니 영혼이 명도 당하는 느낌이었다.

다행히 베트남 지인의 도움으로 협의 기간을 거쳐 명도한 후 공사를 시작할 수 있었지만, 지금도 그때의 당혹감은 베트남 사업에서의 따끔한 교훈으로 기억된다. 제도적 장치가 잘 갖춰진 한국에 비해 베트남은 아직 법적·제도적 안전장치가 미흡하다. 그렇기에 베트남에서 사업을 진행할 때는 매사 더욱 신중하고 꼼꼼한 접근이 필요하며, 되도록 사전에 전문가의 도움을 받는 것이 좋다.

한편 베트남은 소송 절차나 실무가 간단치 않으며 시간 역시 많이 소요된다. 때문에 베트남에서 분쟁이 생기면 험난하고 고단한 여정이 될 공산이 커서 오히려 인적 네트워크를 통한 합의가 원활한 해결책이 되는 경우도 많다. 베트남에서 사업을 할 때는 인적 네트워크의 관리가 실질적인 도움이 된다는 것도 꼭 기억해 두길 바란다.

특히 현재 베트남 부의 지형에 상층을 차지하는 계층은 전형적인 부동산 부자다. 베트남의 부동산 부자들은 상상을 초월하는 정말 큰 부를 가지고 있다. 또 스타트업 중심으로 생겨나는 사업가형 신흥 부자들도 많기에 이들과 네트워크를 형성할 수 있다면 다양한 사업 기회를 맞이할 수 있을 것이다.

포르쉐와 돼지내장

베트남에도 부자들을 중심으로 외제차 바람이 불고 있다. 동일한 외제차 가격이 베트남에서는 한국과 비교해서 최대 2~3배까지 올라간다. 그럼에도 인기가 좋다. 한국의 월평균 임금이 베트남의 약 10배 수준이라는 것을 생각해보면 놀라운 일이다. 비단 외제차뿐 아니라 지금 베트남은 명품족 태동기를 겪고 있다. 1990년대 한국에서 오렌지족이 등장하던 때를 상상해보면 이해가 쉽게 될 것이다. 반면 대개 성장기에 들어선 국가가 그렇듯 베트남의 빈부 격차도 매우 크다. 베트남에는 이질적인 두 계층이 무심하게 공존하며, 부자는 더 부자가 되고, 가난한 이는 그들을 바라보며 부를 꿈꾼다.

얼마 전 출근할 때의 일이다. 출근길 중간에는 1970년대 시골 장터 같은 거리가 있다. 현지인들을 대상으로 하는 식당이 늘어선 이 거리를 지날 때면 1970년대 한국처럼 그날 판매할 돼지나 닭 일속 등을 가게 앞 도로를 점거한 채 잡는 모습을 흔히 볼 수 있다. 르자뎅 시크릿 호텔 주차장에는 포르쉐나 람보르기니 같은 고급차가 주차되어 있다. 그로부터 백여 미터 옆에는 식당 종업원이 무심히 돼지를 잡고 있다. 대다수의 베트남 사람들은 돼지 내장 국밥으로 끼니를 때우고 일터로 돌아가 열심히 일하며 일부는 람보르기니를 타고 여유를 즐긴다. 현재 베트남의 초상이다.

돼지내장

호텔 주차장의 포르쉐

드디어 공사를 시작하고 뜨게 된 첫 삽에는 걸리는 것이 어찌나 많은지! 7년간 방치돼 있으면서 건물 구석구석 각종 쓰레기와 이름 모를 것들이 그 세월만큼 가득 차 있었고, 수영장이나 각 방은 그 형태와 기능을 알아보기 어려울 정도로 망가져 있었다. 건축자재에서부터 형태와 용도를 알 수 없는 다양한 쓰레기들이 풍년을 이루고 있었다.

경제성장에 따른 도시화와 부동산 활황에 따라 늘어나는 쓰레기배출량에 비해 처리 시설이나 기술, 제도적 지원 등 베트남의 사회적 인프라는 아직 미흡한 수준이다. 여기서 또 하나의 기회를 엿볼 수도 있다! 폐기물처리 사업과 같은 환경산업으로 베트남에 진출해보는 것도 관심 있게 검토해볼 만하다. 베트남 정부는 쓰레기처리 및 재활용산업에 대한 지원을 점차 확대하고, 민간기업에도 많은 투자 인센티브를 제공하고 있기 때문이다.

건물 주차장의 지하 공간을 활용 하려다 지하공간에서 거대한 상자를 발견했다. 과도한 의미부여는 늙어가는 증거라고 하지만, 현장에서 보물상자를 발견한 우리는 "공사 첫 삽에 보물상자를 건지다니, 이 건물은 보물창고가 될 거야!"라며 의미를 부여해가며 공사 초기의 긴장을 기분 좋세 풀어갔다.

여담이지만, 상자 안에는 소형 가구와 집기를 비롯한 잡동사니가 있었는데, 대충 봐도 잘 만든 제품이었다. 알고 보니 건물주가 이사 오면 쓰기 위해 사둔 집기들로, 고가의 독일 욕실브랜드 제품이었다. 여기서도 알 수 있듯이 높아진 소득 수준으로 베트남에 중산층이 급등하면서 베트남 사람들은 집을 꾸미기 시작했다. 현재 베트남 생활용품시장에는 '이케아', '자주', '무인양품'에 이르기까지 세계적인 생활용품 브랜드들이 속속 진출해 경쟁이 치열해지고 있다.

베트남은 세라믹 타일 강국이다. 업체 수도 80여 개에 이르며 생산량도 소비량도 세계 4위다. 아세안에서는 1위를 달리고 있다. 잠시 주춤했던 부동산시장이 다시 성장탄력을 받으면서 소비량이 재급증하는 추세다. 다른 자재 가격에 비교해볼 때 의외로 비싼 베트남 세라믹 타일의 가격에는 이런 배경이 있다. 대신 비싼 만큼 값을 한다고, 베트남에서 생산하는 세라믹 타일은 종류도 다양하고, 감각적이며 품질도 우수하다.

실제로 미감을 중시하는 나의 건축가 친구는 베트남 세라믹 타일 시장에서 감성을 충전하는 듯했다. 특히 '세코인(Secoin)'이라는 회사의 시멘트타일의 원조가 베트남이라는 사실은 건축가 친구의 감성에 불을 지폈고, 높은 가격의 장벽은 그 불을 진화시켰다. 한때 한국에서도 공간의 벽면을 시멘트타일로 뒤덮는 것이 유행일 때가 있었다. 시멘트가 그대로 굳은 듯한 색상과 질감, 네 귀퉁이에 작은 구멍… 기억날 것이다. 물론 전 세계에 무수히 뿌려진 제품은 중국산 짝퉁이었지만, 이 타일은 베트남 세코인 회사의 태생 타일이다.

결국 가격의 장벽으로 비슷한 효과를 줄 수 있는 공법으로 대체했지만, 공간의 고급스럽고 다채로운 베트남 타일은 이처럼 특정 분야에서 빠르게 채워지고 있다.

옷 잘 입는 사람이 고가의 브랜드와 저가의 시장표를 잘 섞어서 스타일을 연출하듯 우리 호텔의 공간들 역시 타일과 더불어 그 색감을 살린 페인트의 조합으로 마감했다.

기성품을 조합하여 빠르게 완성하는 한국과 달리 베트남의 공사는 사람이 손수 만드는 재래 방식이 주를 이룬다. 한국 대비 20~30% 수준으로 인건비는 저렴한 반면, 가공재는 비싸기 때문이다. 기성품생산을 위한 생산분기점을 넘길 수 있을 만큼 내수의 규모와 안정성이 담보되지 않은 데다 아직은 기술이 부족한 탓이다. 결국 저렴한 인건비를 기반으로 사람이 원자재를 활용해 손으로 하나하나 만드는 방식이 가장 합리적인 대안이다.

그래서 베트남에는 모든 인적 자원이 풍부하다. 이제는 한국에서 구경하기 힘든 미장 장인도 마찬가지다. 수요가 많으니 신규 인력이 계속 유입되어 안정적인 수급도 가능하다. 우리 호텔역시 벽체의 형태를 만드는 것은 물론, 벽면을 장식하는 몰드 하나까지 미장 장인의 수작업으로 이루어졌다.

물론 지금과 같은 속도로 내수시장의 규모가 성장하고 인건비가 상승하게 되면 베트남의 인건비 우위도 한국 비슷한 길을 걷게될 거다. 그 여정은 우리보다 짧고 빠르게 진행될 것이다. 베트남의기초 산업 분야나 인력조달 시장의 성장 여력은 높기 때문이다.

손맛의 매력

　이번 작업을 하면서 수작업 특유의 감성을 느낄 수 있었다. 실수하기에 사람이라고, 조금 거친 듯, 어긋난 듯한 미묘한 인간적 실수가 묘한 매력이 되기도 한다. 수작업으로 이루어진 호텔의 중앙계단은 아방가르드한 멋이 있다. 나선형으로 곡선을 이루며 올라가는데, 손으로 만들다 보니 딱 떨어지지 않는 미묘한 어긋남이 있다. 살짝 찌그러진 듯 불안정한 형태가 주는 긴장감이 묘한 매력을 준다.

　완벽하지 않기에 더욱 매력적인 인간의 감성을 표현하는 바로크 양식도 인간의 불안정함 미학이기에 '찌그러진 진주'이지 않은가. 내 자식의 작은 몸짓 하나에도 영재임을 확신하는 팔불출 심정을 조금 보태자면 그렇다는 얘기다.

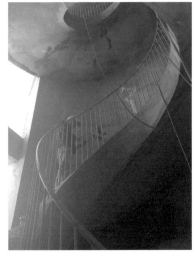

• 정령이 부처로, 베트남 석굴암 사건 •

"작은 오브제 분수가 있으면 좋을 것 같은데…."

호텔 안에 작은 분수를 만들자는 의견에 친구와 파트너는 물론 나 역시 한 번에 의견 일치를 보았다. 정령이 있는 정원이라면, 정령이 들르는 분수 하나쯤 있어야지. 공간의 가치는 오감으로 느껴질 수 있어야 한다. 정령분수의 미감, 낮게 속삭이는 듯한 물소리와 식물이 주는 쾌적함은 오감을 촉촉하게 채워줄 것이었다.

여기는 베트남이니 분수 역시 당연히 우리 미장 장인의 손에 맡겨졌고, 그는 문제 없다 였다. 우리의 미장 작업이 '조소'라는 일종의 순수 예술의 영역으로**(아무리 벽면을 장식하는 부조라고 할지라도)** 확장되는 순간이었다. 그래서였을까? 역시 예술은 쉬운 일이 아니었다. 우리의 근거 없는 낙관과는 달리.

사람은 살아온 환경을 무시할 수 없다. 항상 보고, 듣고, 느껴왔던 모든 경험이 체화되어 생각과 감정, 행동의 기반이 된다. 베트남에서 살아온 미장 장인의 영혼에는 부처가 들어앉아 있었다. 분수를 본 순간 호텔은 경건함으로 가득한 석굴암이 된 느낌이었다.

그리스 조각상보다 불상이 익숙하고, 본인은 물론 주변 사람들 모두 동양인의 얼굴을 가진 선량한 베트남 사람이다 보니 이해가 되었지만, 이해는 이해일 뿐, 해결이 필요했다.

대대적인 성형에 들어갔다. 장장 몇 차례에 걸친 대수술 끝에 모두의 양보와 타협, 포기와 만족 선에서 마무리가 되었다. 미장 장인과 함께 대수술을 집도한 건축가 친구는 말했다.
"자꾸 보면 정도 들고, 귀여운 면도 있어!"
난 속으로 조그맣게 말했다.
"성형미인은 별로야...더군다나 야매 시술은...아닌거 같아..."

며칠 후 우리 수호 정령의 수난은 끝나지 않았다. 다급한 연락에 호텔로 가보니, 정령의 입 주변에는 어느새 중후한 수염이 자라 있었다. 분수를 가동하자, 입에 뚫은 물구멍을 통해 흐른 물로 입 주변의 시멘트가 젖어 색이 짙어져 수염처럼 보인 것이다. 호스를 밖으로 빼지 않은 데다 시멘트 방수 처리까지 되지 않은 결과다.

사람이 직접 만드는 방식은 새로운 것을 신속하게 시도할 수 있다는 장점이 있지만, 경험하지 못한 영역에는 생각지도 못한 실수가 생기기도 한다. 물론, 사람이기에 창의적으로 신속하게 대응하고 변경할 수 있고, 해결한 경험은 기술로 축적되지만 말이다. 해결은 간단했다. 투명 방수제로 입 주변에 립스틱을 바르듯이 발라주었다. 물론, 호스가 숨겨진 입속까지 섬세하고 꼼꼼하게.

" 오, 자네 왔는가?! "

공사도 중반을 넘어서고 있었다. 객실은 바닥과 벽체, 문으로 이루어진 자신만의 공간을 완성해갔고, 로비와 수영장도 그 쓸모와 개성을 주장하고 있었다. 그렇게 공간의 영혼을 담을 그릇이 그렇게 완성되고 있었다.

애초에 공간의 형태와 느낌에 따라 이야기를 만들고 이름을 부여했기에, 이를 온전히 나타내는 차별적 포인트가 필요했다. 그 해결점을 색채에서 찾았다. 공간의 형태와 타일 등의 마감과 벽면과 천장의 색상조화로 공간의 콘셉트를 온전히 전달할 수 있도록 건축가 친구의 고뇌가 시작되었다.

색채는 사람에게 많은 영향을 준다. 요즘 색채에 대한 관심은 심리, 교육, 건강에 이르기까지 생활 전 분야에 걸쳐 확대되고 있다. 그만큼 색채가 주는 영향은 크다. 그렇기에 공간이라는 캔버스를 앞에 둔 친구의 고민은 깊어질 수밖에. 결과적으로 창의적 고민은 생산적 결과로 이어져 호텔의 객실과 로비 모든 공간은 개성에 맞는 색을 입을 수 있었다.

식민지의 열정에 의심의 그림자가 어우
러졌고, 우주의 플라밍고는 공간에 활력을
주었다(베트남에서 통용되는 페인트 컬러칩
은 각각의 색에 어울릴 법한 이름을 붙여 놓
았다).

BG99-197
Shadow of
Doubt
(208, 306)

RR54-43
Colonial Red
(405)

BB40-203
Cosmos
(402)

YR01-58
Flamingo
(305, 306, 307)

활성화가 기대되는 베트남 도료사업

현재 베트남의 도료사업은 격차가 크다. 부동산 붐으로 산업용 도료시장은 어느 정도 성장세를 보이지만, 가정용 도료 등의 분야는 상대적으로 더딘 성장을 보인다. 시장 흐름도 최고급보다는 기능에 중점을 두고 있다. 한국에서도 근래 들어서야 셀프페인팅 열풍이 시작되었다는 점을 보면 아직 베트남의 도료시장은 갈 길이 멀다. 사회 전반의 수준이나 성향의 전환이 필요하기 때문이다. 다만, 빠르게 성장하는 생활용품 산업의 추세로 보아 좀 더 다양한 도료시장이 활성화될 소지는 충분하다.

• 가구와 소품은 공간의 언어 •

텅 빈 공간은 그 자체로 이야기를 품고 있다. 하지만 빈 공간은 침묵의 언어이기에, 그와 어울리는 가구와 소품이 공간의 언어가 되어 준다. 공간에 들어선 이들의 눈에 보이고, 손으로 만져지는 오브제들의 재잘거림은 공간에 대한 이해를 온전하게 해준다.

모두 다른 콘셉트에 맞추어 가구와 소품을 채우는 일은 쉽지 않았다. 공간과 완벽하게 어우러져 공간의 이야깃거리와 느낌을 충분히 표현해주는 존재감이 있어야 하면서도 실용적이어야 했다. 비용이라는 현실감도 부담이 되었다.

원하는 콘셉트와 제품의 매칭, 적절한 가격, 구매처와 방법의 삼위일체는 생각보다 쉽게 이루어지지 않았다. 23개의 적은 객실이지만, 공간마다 다른 개성과 존재감에 푹 잠길 수 있도록 가구, 소품 하나까지 단단하게 응축시키는 일은 쉽지 않았다. 원하는 콘셉트의 제품을 찾아 삼만리, 적절한 가격의 판매처를 찾아 삼만리, 구매방법을 찾아 삼만리…. 말 그대로 고생이 구만리 길이었다.

　작은 문고리 하나까지도 콘셉트에 맞추길 원했던 우리의 여정은 인터넷은 물론 광활한 광저우 시장까지 종횡무진 이어졌다.

• 대륙의 스케일, 중국 광저우시장 •

앞에서 말했듯이 모든 물품은 현지에서 조달하거나 직접 제
작할 수도 있었지만, 선택의 폭을 넓히기 위해 경쟁력을 갖춘 중
국시장을 선택했다. 인테리어 파트마다 남대문 시장 만한 규모의
시장이 남대문 시장만큼 모인 중국 광저우시장은 그야말로 대륙
의 스케일에 걸맞게 거대했다. 그 거대한 시장이 인테리어 자재
로 채워져 있다는 것도 신기했지만, 그 시장에도 적당한 소품이
없어 제작하고 있는 우리의 소품 부심도 나름 경이로웠다.

얼마 후, 중국 광저우시장에서 도착한 컨테이너를 항구에서
내려, 호텔에 푸는 데만 15명의 인부가 달라붙어 장장 다섯 시간
이 넘게 걸렸다. 진시황릉에서 출토된 물건이 이 정도일까? 풀어
도 풀어도 줄지 않는 신기한 짐들이었다. 타임렉에 걸린 듯 포장
을 뜯고, 라벨과 리스트를 확인하고 제 위치로 옮기고, 확인하고,
또 다른 포장을 뜯고, 라벨과 리스트를 확인하고 제 위치로 옮기
고, 확인하고….

15명의 인부와 직원들, 한국에서 온 디자인 실장님까지 합세
해 몇 차례 해체시킨 후에야 끝이 보이기 시작했다. '다음부터는

호텔 객실은 모두 똑같이 만들어야겠다.'는 우리의 암묵적 합의
와 함께.

좋은 결과는 힘든 과정을 잊게 하는 마력이 있다. 물건배치로
생겼던 근육통이 사라질 무렵에 우리는 또 다른 합의의 일치를
이루었다.

"해 놓고 보니, 좋은데. 다음번엔 더…."

이런, 다시 구만리길 채비를 시작해야겠다.

3부

운영
하다

1장

구애하다

• 그리고, 다시 혼자 남겨지다 •

공사를 마친 건축가 친구는 한국의 다른 일정을 위해 귀국했고, 북적대던 인부들도 하나둘 공사가 완료되면서 집으로 돌아갔다. 한바탕 와자지껄한 잔치를 잘 치른 후의 심정이 이런 걸까? 공사를 완성했다는 홀가분함과 만족감, 그리고 주책맞게 찾아온 공허함… 다시 고개 든 중년 사춘기의 아저씨 감성.

하지만 이번엔 경우가 다르다. 두려움을 이겨내고, 도전을 감행하고, 베트남에 와서 명도 다 해보고, 광활한 광저우시장을 헤집고 다녔으며, 끝나지 않을 것 같던 백만 소품 대군과의 대첩도 이겨냈다. 마음 든든한 좋은 인연들과 새롭게 생긴 좋은 인연들과 함께 도면 속에 갇혀 있던 건물을 현실 세계로 무사히 소환해냈다. 시행착오도 겪었고, 간혹 삐끗할 때도 있었지만 결국 여기까지 왔다.

이러고 있을 때가 아니다. 호텔에 생명을 불어넣어 줄 직원을 구해야 한다. 부처가 될 뻔했던 정령의 재잘거리는 물소리에 번뜩 정신이 들었고, 슬그머니 찾아왔던 공허함은 어느새 떠나고 없었다.

• '일단 하자!'의 힘 •

공사 막바지에 들어서면서 이제 본격적인 호텔 세팅과 운영을 준비해야 했다. 가장 중요한 것은 소통이었다. 본격적으로 베트남 사람들과 일하기 위해서는 현지인들과의 소통을 도와주고 베트남어도 가르쳐줄 조력자가 필요했다. 짧은 영어와 전 세계 공용어, 바디랭귀지만으로는 베트남 직원들과 소통에 한계가 있기 때문이다.

무엇보다 나의 뜻을 명확하게 전달하기 위해서는 나의 의도까지 어느 정도 이해해서 전달할 수 있어야 하고, 상대방의 뜻을 전해줄 때는 그 통역을 내가 믿을 수 있어야 했다. 그러니 능력도 능력이거니와 신뢰할 수 있는 사람이어야 했다. 원하는 조건은 까다로운데 시간은 촉박하고, 달리 뾰족한 방안이 떠오르지도 않았다. 별수 있나. '일단 하자!'의 힘을 믿게 된 나의 해결책은 직접 부딪쳐 돌인지 모래인지 가려내는 맨땅에 헤딩이었다.

공사가 한창일 때, 매일 3~4개씩 이어지던 미팅은 이제는 익숙해진 호텔 옆 카페에서 진행되었다. 거의 매일 같은 자리에 앉아 다양한 사람들과 미팅을 하며 업무를 하는 내 모습은 그 카페 직원들에게 나름 신뢰감을 안겨줬던 모양이다. 함께 일할 사람이 필요해 카페 직원들에게 구글 번역기로 돌린 소개서를 무작정 들이밀며 소개를 부탁하는 낯선 한국인 사업가에게 자신의 지인을, 그것도 가족을 소개해준 것을 보면 말이다. 당시 그 카페에서 바리스타로 일하던 쭝은 자신의 친동생에게 나의 소개서를 전달해주었고, 나는 쭝의 동생과 함께 바로 현지 채용을 개시했다.

당연한 이야기 일 수 있지만 해외사업을 할 때는 영어도 필요하지만 되도록 현지 언어를 배워 둘 것을 권한다. 특히, 내수시장을 겨냥한다면 당장 현지 언어부터 배워라. 직원 관리에서부터 현지 고객의 반응을 살피는 것까지 그 나라 언어를 배우는 것은 미묘한 뉘앙스와 문화적 이해도를 높이기 위해서는 반드시 필요하다.

유튜브 '한국 오빠들(HanQuocBros HQB)' 최성락 대표

지금 베트남 현지에서는 유튜브채널 '한국 오빠들'의 인기가 대단하다. 유튜버들의 깔끔한 외모와 쾌활한 성격, 그리고 유창한 베트남어와 그들이 보여주는 베트남 사랑이 채널의 인기 비결이다. '한국 오빠들' 채널에서는 세 명의 한국인 오빠들이 베트남을 체험하는 모습이나 한국을 소개하는 내용을 주 콘텐츠로 다루고 있다. 간혹 한국에 베트남을 소개하기도 한다. 물론, 유창한 베트남어로. 현재 이 한국 오빠들은 'CJ E&M'과 콘텐츠계약을 맺고, 현지 레스토랑사업에까지 진출해 있다.

"이거 왜 이래 나 박 씨야~"

가끔 베트남에 온 나와 같은 아저씨 중에 한국 사람이라는 이유만으로 또 성이 박 씨라는 한가지 이유만으로 박항서 감독과의 연관성을 언급하며 베트남 젊은 여성들에게 자신이 오빠임을 어필하시는 분들이 있다. 나도 비슷한 입장의 아저씨이지만 베트남 젊은 여성들이 좋아하는 한국 남성도 역시 젊고 잘생긴 남자이다.

첫 번째는 언제나 잊히지 않는 기억이 된다. 첫사랑, 첫 아이, 첫 직원까지. 띠엔은 나의 첫 번째 직원이다. 나의 통역이자 베트남어 선생님으로 첫 인연을 시작한 이후 지금까지 변함없는 성실함과 만족스러운 업무성과를 보여주었다.

띠엔은 위워크에서 이어진 신규직원 채용에도 주도적인 역할을 해주었다. 며칠간 쉬지 않고 면접이 끝없이 이어지던 강행군 속에서 지칠 법도 하지만, 시종일관 열정적인 모습으로 성의 있게 직원 채용에 함께 힘을 쏟아준 결과 지금의 좋은 직원들과 함께할 수 있었다.

띠엔은 첫 출근부터 특유의 베트남 걸크러쉬의 면모를 여지없이 발휘했다. 출근 첫날, 단정한 비즈니스 정장을 입은 티엔의 가방 안에는 새로 구입한 노트북이 있었다. 업무용 노트북을 직접 준비해온 것이다. 미래의 성장과 비전에 과감하게 투자한 것이리라. 티엔이 꿈꾸는 희망은 언제나 발전적이고, 그 실현은 과감하고 실용적이다. 그의 희망에 대한 투자는 비단 옷과 노트북에 그치지 않는다. 지금 티엔은 한국어 공부에 열중하고 있다.

미소를 머금은 베트남 사람들

길에서 스치듯 마주치는 베트남 사람들의 얼굴에는 대개 은은한 미소가 어려 있다. 눈이라도 마주치면 그 은은한 미소는 이내 함박웃음으로 바뀌기도 한다. 사람 사는데 모두가 즐거울 수야 없지만, 삶이 힘들고 고될 법한 가난한 인부의 얼굴도 밝은 경우가 많다. 손안에 쥐고 있는 게 많으면서도 미소는 인색한 우리의 표정을 떠올려보면 부러운 일이다.

호텔은 서비스업이다. 서비스업에 종사하는 이들은 이른바 감정노동자라고 한다. 슬프고 힘든 와중에도 일할 때는 상대방에게 긍정적 감정을 전달해줘야 할 뿐 아니라, 상대방이 내뿜는 부정적인 기운을 고스란히 떠안아야 하는 경우도 많다. 그렇기에 감정노동자들에게 심리적 회복 탄력성은 매우 중요하다.

추측하건대, 고된 삶 속에서도 미소가 끊이지 않는 베트남 사람들의 회복 탄력성은 매우 높을 것이다. 실제 현장에서도 제일 먼저 고객을 만나는 리셉션 직원도, 보이지 않는 곳에서 객실정비를 하는 직원도 언제나 밝은 미소로 호텔을 밝히고 있다. 고마운 일이다.

덧붙여 현재 베트남의 노동시장은 나날이 선진화되고 있다. 외국계 기업의 노동 경험도 많아지고, 경제성장에 따라 의식 수준도 높아지면서 노동 관련 제도도 선진화되어 가고 있다. 그렇기에 베트남 현지직원을 고용할 때는 반드시 전문가의 법적 검토를 받고, 계약서 등의 절차를 명확히 할 것을 권한다.

호텔을 만드는 것이 일종의 이벤트였다면, 운영은 일상의 영역이다. 반복되는 일과에도 정성을 들여야 하며 소소한 이벤트도 수시로 만들어야 하는 장기전이 시작된 것이다. 긴 여정도 함께하는 동료가 있으면 즐겁다고 했던가. 베트남 스마일로 무장한 나의 베트남 직원들을 믿는다.

• 타이거맘, 사커맘 그리고 베트남의 오토바이맘 •

베트남에서는 아침마다 오토바이에 아이를 태우고 영어유치원에 아이를 등원시키는 모습을 쉽게 볼 수 있다. 가정의 높은 사교육 지출비와 영어교육에 열을 올리는 열혈맘 이야기는 한국 대치동만의 이야기가 아니다. 지금 베트남의 교육열은 그 어느 때보다 뜨겁다.

한국의 경제성장 뒤에는 한국 엄마들의 뜨거운 교육열이 있다는 말이 있다. 우리네 부모들은 미래를 위해 다음 세대의 교육에 사활을 걸었다. 베트남의 부모들도 마찬가지로 지금 자식들 교육에 사활을 걸고 있다.

한국에 타이거맘, 미국에 사커맘이 있다면 베트남엔 오토바이맘이 있다. 베트남 아이들은 오토바이 등 뒤에서 자란다는 말이 있을 정도로 뜨거운 교육열은 고만고만해 보이는 아세안에서도 독보적인 성장세를 보이는 베트남의 가장 큰 동력이다.

유아 및 어린이 교육업체를 선두로 한 한국 교육 기업들이 적극적으로 베트남으로 속속 진출하는 데에는 이런 배경이 있다. 영어권 국가의 현지 교육 기관들까지 진입하면서 경쟁이 심화되고 있기 때문에 베트남 'SKY 캐슬'의 벽도 이제는 더 이상 만만치 않다.

다행히 베트남의 삶은 앞으로도 오랫동안 멈추지 않을 것 같다. 펄펄 끓는 교육열이 가득한 베트남답게 지금 베트남은 끊임없이 무엇인가를 배우고 있다. 개방적이고 실용적인 그들은 배움의 대상, 배움을 시작하는 나이, 배움의 방법에 한계를 두지 않는다. 필요한 것, 도움이 되는 것, 그냥 좋은 것, 어느 것이든 즐겁게 배우고 익힌다. '배우고 익히니 즐겁다.'던 공자님 말씀처럼 말이다.

얼마 전 일이다. 교통체증이 한참이던 시간에 급한 일정이 있어서 그랩(Grab) 오토바이 서비스를 이용했다. 어찌나 정신이 없었던지, 그랩 운전수가 준 헬멧을 아직도 쓰고 있다는 것을 깨달았을 때는 오토바이에서 내린 지 10분이 넘은 뒤였다. 상대방에게 양해를 구하고 허겁지겁 오토바이에서 내린 장소로 가보니, 다행히도 그랩 운전

수는 아직 그 자리에 있었다. 알고 보니 오늘 그랩 운전 첫날이라며, 사용법을 익히고 있었다고 했다.

제약회사에 출근하기 전까지 한 달 정도 남는 시간을 버려둘 수 없어 시작했다는 짧은 자랑도 덧붙였다. 헬멧을 돌려받으며 활짝 웃는 얼굴에는 새로운 일을 앞둔 두려움이나 쉬지 않고 일해야 하는 고단함은 보이지 않았다.

베트남 사람들은 유행에 민감할 뿐 아니라, 다양한 분야에 관심이 많고, 새로운 것을 받아들이는 데 위화감을 적게 느끼는 것 같다. 자신이 필요하다고 생각하면 그게 무엇이든 주지 없이 시작하며, 배우고, 소화해 개선하는 속도도 5G급이다. 잠재력이 누적되어 임계점을 넘기면 폭발적인 성장을 하게 되어 있다. 지금 베트남이 그 시점에 있다.

5G급 성장, 베트남 모바일 생태계

서울은 도로를 색색으로 물들이는 버스, 모세혈관을 닮은 지하철과 합리적이고 편리한 환승 체계를 갖추고 있다. 반면, 베트남은 버스와 지하철 같은 대중교통 인프라가 부족하기 때문에 출퇴근 시간이면 차량에 오토바이까지 가세해 서울 뺨치는 교통체증을 자랑한다.

결핍은 창조를 낳는다고, 부족한 대중교통 인프라로 큰 인기를 얻은 베트남의 대표 교통수단은 그랩이다. 사람이 이동하거나, 음식을 배달할 수도 있다. '그랩 페이(Grab Pay)'로 결제하면 현금보다 저렴하며, 각종 포인트와 쿠폰도 놓칠 수 없다. 이처럼 베트남은 지금 아세안 최강의 와이파이 인프라를 갖춘 IT 대국답게 스마트폰 기반 생태계가 빠르게 성장하고 있다.

베트남의 젊은 인재들은 베트남 회사보다 20~30% 이상 높은 임금수준과 복지를 갖춘 외국계 회사를 많이들 선호한다. 외국인과 일한다는 거부감이나 언어의 장벽도 높지 않다. 합리적이고 현실적이다. 한참 공사 중인 호텔을 운영하겠다는 한국계 회사의 미래를 확신하고, 자신의 경력을 과감히 투자한 직원들의 결정에는 이런 배경이 작용했을 것이다.

외국계 기업의 진출이 점차 확대되어 가고, 베트남 현지인력의 교육수준도 높아지면서 외국계 기업의 베트남 현지인력 채용비중은 꾸준한 증가하는 추세다. 해외유학을 경험한 인재도 늘어나고 있으며, 외국계 기업 경력자도 많다. 여기에 특유의 합리적이고 개방적인 성향이 더해져 베트남의 인력시장은 빠르게 글로벌화되고 있다.

베트남 청년실업

언제나 문제는 수요와 공급의 균형이 무너질 때 생긴다. 빠른 도시화와 고학력 인력 증가, 생활향상에 따른 임금인상 등 우리가 겪어 온 인력시장의 변화양상은 지금 베트남에도 고스란히 나타나고 있다. 베트남에서도 대졸 청년의 실업난이 새로운 사회 문제로 거론되기 시작했다. 고학력자 배출은 매년 증가하는데, 일자리 수의 증가 속도는 이를 따라가지 못하기 때문이다. 놀고 있는 양질의 고학력 인력이 늘어가고 있다는 것이다.

한편 경제성장에 따라 베트남 자국 기업에 대한 선호 또한 점차 높아지고 있다. 기업 경쟁력이 빠르게 강해지는 자국 기업이 늘어가기 때문인데, 기업 경쟁력의 평가 기준은 임금수준과 성과금, 일과 삶의 균형 등이라고 한다.

4차 산업혁명은 베트남에서도 화두이다. 핵심은 ICT, 즉, 정보 통신 기술의 융합이 불러온 네 번째 산업혁명 정도로 정의할 수 있다. 전 세계적으로 디자인, 문화, 예술이나 IT 정보 기술 같은 이른바 소프트파워의 경쟁력이 중요해지는 것이다.

베트남의 잘 갖춰진 인터넷 인프라와 모바일생태계의 성장에 대해서는 앞서 말한 바 있다. 현재 빠르게 증가하는 소프트파워 분야의 스타트업과 인력의 이면에는 이런 배경이 있다.

실제로 지금 야심 차게 개발 중인 호텔관리 시스템도 베트남 현지에서 진행 중이다. 디자인, 개발 능력, 인프라 모두 충분하기 때문인데, 베트남은 현재 아시아 지역에서 가장 유망한 IT 아웃소싱 국가다. 풍부하고 우수한 인력을 상대적으로 저렴한 비용으로 활용할 수 있다는 장점이 가장 큰 매력이다.

베트남의 여성파워

공사 당시 현장에는 베트남 여성이 많이 있었다. 단순히 남성들의 일을 보조하는 역할이 아니라 자신만의 영역에서 혼자서도 충분히 한 사람의 몫을 해내고 있었다.

베트남은 전통적으로 여성의 사회참여율이 높고, 여성의 사회 위계도 높은 편이다. 전통적으로 남성과 동등하게 재산 상속 권한이 있으며, 어머니의 날도 있고, 여성의 날도 있다. 아시아권에서 베트남은 여성파워가 가장 강한 나라 중 하나다.

베트남의 여성파워는 소비영역에만 국한되지 않는다. 베트남 거리에서 오토바이를 타고 씩씩하게 거리를 활보하는 이들의 절반은 여성이다. 당당한 생산 주체인 베트남 여성이기에, 여성

CEO의 비율도 높다.

이런 사회적인 변화를 반영하듯 베트남에서는 신(新)여성을 뜻하는 '푸느떤떠이'라는 용어가 주요 키워드로 떠오르고 있다. 이는 1990년대 태어난 대도시 출신 여성을 통칭한다. 베트남 총 여성 인구의 10% 정도로 인구비율은 높지 않지만, 소비, 문화 영역에서 주도적인 역할을 하고 있다. 고등교육을 받은 이들은 사회 전역에 활발하게 진출하고 있으며, 외국계 기업에 다니면서 국제결혼을 하기도 하고, 골드미스의 삶을 지향하기도 한다.

베트남에서 인재를 구하고 있다면? 베트남시장을 공략하고 싶다면? 상반된 질문이지만 답은 같다. 베트남 여성들을 적극적으로 공략해야 한다. 직원으로서 이들의 역량과 고객으로서 이들의 평가가 베트남 사업 성공의 지름길이 되어 줄 것이다.

2장

판매하다

• 사업은 현실의 영역이다. •

사업은 이익을 창출하는 것이 목적이다. 이익을 창출하는 공식은 간단하다. '수입-지출=이익'이므로, 수입을 늘리고 지출을 줄이면 이익은 늘어나게 된다. 대개 지출은 인건비 등 고정비의 비중이 높기 때문에 줄이는 데 한계가 있다. 따라서 수입을 늘리는 것이 더욱 중요한 경우가 많다.

호텔의 경우, 호텔 객실과 서비스를 판매해 매출을 발생시킨다. 따라서 매출을 늘리고자 한다면, 호텔의 객실과 서비스를 공실 없이 많이 판매하는 것이 주 전략이 된다. 현지 물가를 고려했을 때 객실 단가를 높이는 데 한계가 있기 때문이다. 동시에 인건비 등의 고정비 낭비를 최소화하고 운영비의 효율성을 극대화해 지출을 줄이는 만큼 수익은 증대될 것이다.

호텔사업은 정적이다.

호텔은 머무는 곳이다. 바쁘게 진행되던 일정을 잠시 내려놓고, 휴식을 취하는 공간이다. 호텔은 언제나 그 자리에 준비되어 있어야 하기에 꾸준함이 필요한 장기사업이다. 마치 가사노동처럼 성실한 일상이 이루어져야 하는 정적인 사업인 것이다.

한마디로 지출비용이 매출 대비해서 크게 증가하지 않는다는 말이다. 바꾸어 말하면, 인건비 등의 고정비를 줄이고 운영의 효율성을 확보하는 것이 수익증대의 핵심이다. 충분한 역량을 보유한 적정 규모의 조직을 구성해 효율적으로 순환 운영할 수 있어야 한다. 인력과 호텔을 운영하는 업무절차는 표준화된 시스템으로 구조화하고 운영하면서 지속적으로 보강해 더욱 나은 시스템으로 지속적으로 업그레이드하는 것이 필요하다.

현재 우리 호텔은 적정 규모의 인력으로 조직을 구성해 운영하고 있다. 작은 호텔이라도 직원복지를 향상시켜 직원 만족도와 충성도를 높이고, 직무교육과 한국어 교육 등을 실시해 업무역량을 높이고 있다. 행복한 직원은 그 어떤 마케팅보다 효과적으로 고객 만족을 실현할 수 있으며, 역량 있는 직원은 높은 생산성을 보이므로, 최소한의 인력으로 효과적인 운영을 가능하게 하는 비결이 되기 때문이다.

바야흐로 호텔산업은 4차 산업혁명과 함께 하는 산업군이다. 이미 호텔영업 조직이 온라인으로 대체된 것은 옛날 일이다. 최근 관리시스템에도 IT 혁신이 활발하게 적용되고 있으며 핀테크의 발달과 더불어 해외 결제와 송금 시스템에 있어 가장 큰 수혜 산업이 될 것이다.

우리 호텔은 23개의 객실과 수영장을 갖춘 미니호텔이다. 객실 디자인과 서비스로 높은 가치를 실현했다고 해도 23개라는 물리적인 객실 수의 한계가 있다. 게다가 24시간이라는 시간적 제약까지. 호텔은 1박을 기준으로 하므로 호텔의 시간은 1일을 점유하는 것이 1개의 시간 단위가 되는 것이다. 현실의 공간과 시간에 물리적으로 존재하는 호텔의 기본 조건이라는 한계를 극복하는 전략이 필요했다.

누구에게나 공평한 것 한 가지, 바로 하루는 24시간이라는 것이다. 우리는 모두 이 한정된 시간을 쪼개어 가치를 창출하며 살아간다. 호텔의 핵심 기능은 숙박, 즉 하룻밤을 지내는 1박이 시간의 기준이 된다. 하룻밤이 고정된 시간 단위이므로, 하룻밤 객실이 빈다는 것은 공실 즉, 그날 그 객실이 창출하는 매출이 '0'이라는 것이다. 그 객실이 판매되었다는 것은 입실 즉, 그날 그 객실이 창출하는 매출이 '1'이라는 것이다. 호텔 객실이라는 상품은 공간을 팔기에 적시에 팔지 못하면 매출이 아예 없게 되는 것이다.

그렇다면, 시간을 쪼개면 어떨까? 즉, 회전율을 높이는 것이다. 객실이 판매되는 것이 24시간 기준 1, 즉 한번 팔리는 데 그치지 않고, 동일 객실을 24시간 이내에 2번, 3번 판매하는 것이다. 0과 1을 2, 3으로 확장하는 것이다. 하룻밤의 숙박만이 아니라 비워 두는 낮 시간에 2~4시간 정도 머무를 수 있도록 객실의 시간을 쪼개어 제공한다. 한 마디로 한국 모텔의 대실 서비스를 도입한 것이다.

물론 위 예시는 간단히 하루 단위로 설명하였지만 시간과 매출의 관계는 조금 더 복잡하다. 요일별, 시즌별 내국인과 외국인의 동향, 호텔의 위치, 심지어 기후 변화도 고려하여 시간 구분과 가격 책정을 하여야 한다.

여하튼 베트남 젊은 고객들은 사적이고 편안한 데이트 공간을 원하고 있었기에 수요는 충분했다. 'Day Time 서비스'를 활용해 회전율을 높이면, 숙박 대비 저렴하고 합리적인 가격을 책정하더라도 객실당 매출은 높아진다.

사업을 해본 사람이라면, 이쯤에서 궁금해질 것이다. 잘되는 집은 사람도 많이 필요하니, 객실 회전이 높을수록 신속한 정비를 위해 더 많은 인력이 필요하지 않을까? 맞는 말이다. 하지만 여기는 베트남이다. 효율적인 객실정비 업무 지침서를 구성하고, 충분히 숙달된 정비직원을 운영하면 된다. 추가 운영비보다 매출이 높으면 수익은 창출되기 때문이다. 더욱이 베트남은 인건비 경쟁력이 있는 곳이다.

공간과 시간의 가치를 제공하는 호텔업에는 충실하면서 매출을 창출해낼 전략이 필요했다. 인건비, 운영비 등의 고정비용은 줄이는 데 한계가 있고, 자칫 무리해서 고정비를 줄이려다가는 부실한 서비스로 이어질 수 있기 때문이다. 이런 고민 끝에 기존 호텔에 없던 서비스공간을 추가로 창출해냈다.

요즘 집 꾸미기에 대한 관심이 높아지면서 공간의 효율성과 아름다움을 모두 충족시킬 수 있는 인테리어, 수납 아이디어의 인기가 높다. 이 과정에서 숨어 있던 공간의 가치를 찾아내는 경우가 많은데, 대개 평소에 의미 없이 지나치던 공간을 다른 시선으로 바라보는 순간, 방치되어 있던 공간이 새로운 쓸모로 재탄생하는 경우가 많다.

호텔은 기본적으로 객실을 판매한다. 대형호텔의 경우, 연회장이나 식당 등 다양한 부가공간으로 부가매출을 창출하지만, 우리 호텔은 23개 객실을 제외하고 연회장이나 식당과 같은 부가공간이 없다. 아니, 없다고 생각했다. 하지만 다른 시선으로 바라보고, 숨어 있던 공간에 새로운 쓸모를 부여하니, 호텔의 판매 공간과 서비스가 늘어났다. 물론 작은 공간 하나에도 가치를 부여하고 정성을 들였기에 가능한 일이었다.

우리 호텔은 로비, 수영장 등 '포토스팟'을 촬영장으로 제공하는 촬영장소 제공을 별도의 서비스로 판매하고 있다. 고객을 위한 서비스 공간인 로비와 수영장이지만, 고객이 그 자체로 쓸모의 가치를 발견하고 객실구매 없이 해당 공간만을 원하는 수요가 있기에 가능했다. 서비스만 있다고 모두가 구매하는 것은 아니다. 고객은 필요로 하는 가치가 충족된다고 판단될 때 기꺼이 돈을 지불할 용의가 있는 것이고, 우리는 이런 가치를 제공해주는 것이기 때문이다. 어제는 객실에서 묵으면서 서비스로 수영장을 이용하고, 오늘은 객실 구매 없이 로비와 수영장에서 결혼사진 촬영만 할 수도 있도록 다양한 선택지와 가치를 제공하는 것. 우리 호텔의 멀티 유니버스 전략이다.

사랑하는 이들을 위한 제3의 공간

사람은 누구나 자신만의 공간이 필요하다. 집과 일터라는 일상의 공간에서 잠시 벗어나 휴식과 재충전을 할 수 있는 공간, 조금은 낯선 듯하지만 집처럼 편안한 비공식적인 사적인 공간. 이른바 제3의 공간은 현대인에게 갈수록 필요한 가치가 되어 가고 있다. 카공족(카페에서 **공부하는 사람들**), 카피스족(**카페+오피스**, 카페에서 **일하는 사람들**) 등의 신조어는 이미 익숙해진 지 오래다. 공부와 업무, 휴식의 복합공간으로서 스타벅스의 식지 않는 열기는 이를 반영한다.

일상에서 살짝 벗어나 휴식하고 충전할 수 있는 공간, 게다가 사적이고 내밀한 공간은 사랑하는 이와 함께라면 더 좋다. 오감으로 만족할 수 있고, 감성을 채워주는 공간. 우리는 고객들에게 '행복한 체험'을 할 수 있도록 '연출된 공간'을 제공한다.

우리의 본업은 '무드 매니지먼트'이다.

3장

바이럴하다

• #Wearetheworld •

퀴즈 하나, 르 자뎅 호텔의 주 고객은 누구일까? 1번 베트남의 젊은이들, 2번 베트남 연예인, 3번 외국인 관광객. 물론 이변없이 답은 1번이다. 다만, 주목할 점이 있다면 1~3번 모두 우리의 고객이라는 점이다. 사실 호텔 로비에서 짜릿한 비밀의 시간을 보낸 베트남 젊은 연인 옆에 유럽에서 온 가족 관광객이 체크인하는 광경을 처음 보았을 때는 호텔을 운영하는 사람임에도 새롭고 신선한 느낌이 들었다.

아름다움은 인종과 종족을 초월한다. 어린아이도 아름다움을 알고 반려동물도 아름다움을 안다. 아름다운 공간과 잘 짜여진 서비스는 국경을 초월해 만족을 줄 수 있다는 자신감을 얻었다.

중요한 것은 모든 고객에게 만족을 주는 것, 바로 그것이다. 지금도 로비에 있는 모든 고객의 얼굴에 만족의 미소가 어린 것을 확인하는 순간이 호텔 가족 모두에게 가장 행복한 순간이다.

얼마 전 주말, 행복한 베트남 젊은 커플이 체크아웃 중인 리셉션, 그 옆에는 유럽인 가족 관광객이 체크인 중이다. 지금 막 베트남에 도착한 듯 조금은 지친 모습의 부모와는 달리 딸로 보이는 10대 소녀는 피곤함보다 여행에 대한 기대로 가득 차 있다. 10대 소녀인지라, 로비에서 촬영 중인 패션 화보 촬영에 관심이 많다. '미스 베트남'의 잡지표지 촬영이 한창인 로비 위층에 위치한 객실에서는 파자마 나이트 파티 준비가 한창이다. 이런, 벌써 수영장파티는 진작에 시작했나 보다. 파자마 파티는 사진이 생명이니까, 인스타그램에서 이미 확인한 포토스팟을 놓칠 수 없다. 이런, 보통 파자마 파티가 아니라 브라이덜 샤워였나 보다.

다음 날 그 장소에서 결혼사진 촬영을 하길래 자세히 보니, 어라? 촬영하는 커플이 낯이 익다. 얼마 전 우리 호텔에서 상견례를 한 커플이다. 그날은 베트남 유명가수가 호텔에서 뮤직비디오를 촬영하는 날이어서 아침부터 기대했던 날이기 때문에 유독 기억에 남는다.

우리 호텔은 이미 몇 차례 베트남 연예인의 화보나, 뮤직비디오의 배경이 되었다. 촬영 화보와 영상의 완성본을 보니 공간을 잘 이해하고 잘 표현해주었기에 볼 때마다 "전문가는 다르구나"라고 감탄하곤 했다.

이처럼 우리 호텔 수영장과 로비, 객실은 베트남 젊은이들의 SNS에 많이 소개되고 있다. 자신들만의 콘셉트로 아름답게 찍어서 올린 사진 속 공간은 호치민의 포토스팟으로 자연스럽게 입소문을 타고 있다.

바야흐로 이미지의 시대다. 내가 무엇을 먹고, 어디를 가고, 무엇을 하는지, 좋아하는 것이 무엇인지… 누가 시키지 않아도 자신을 알리는 데 열심인 시대다. 그만큼 보여지는 것이 중요한 비주얼의 시대다.

특히 광고모델, 연예인 같은 특정인이 아니라 대중의 사랑을 받는, 일반 대중이 주체가 된 일반인 인플루언서 바이럴은 파급력도 높고 신뢰도도 깊다. 인스타그램과 유튜브, 페이스북 등의 SNS 채널을 통해 그들이 업로드한 이미지는 거의 즉각적으로, 언어를 초월해 전 세계로 퍼져나간다.

프로젝트 시작부터 지금까지 호텔을 만들고 운영하는 데 모든 역량을 집중하다 보니, 별도로 마케팅에 역량을 투입하지 못했다. 하지만 공간의 가치를 극대화하는 데 중점을 둔 디자인 개발에 집중했던 우리의 전략은 현재의 SNS 바이럴이라는 트렌드를 만나 효과를 볼 수 있었다.

운영 초기, 호텔을 방문하고 만족한 고객들이 자신들이 찍은 사진을 자발적으로 SNS에 소개하고, 그 사진들이 자연스레 퍼져나가면서 바이럴 마케팅 효과를 톡톡히 볼 수 있었다. 특히, 베트남이 페이스북을 비롯해 인스타그램 등 SNS가 가장 활성화된 아세안 국가였기에 더욱 큰 시너지를 낼 수 있었다.

사실, 한국에서는 연예인의 화보 촬영 같은 경우 호텔 홍보에 도움이 되기 때문에 장소를 무료로 제공하거나 비용을 들여가면 서 공간을 제공하는 PPL을 집행하는 것이 일반적일 것이다. 하지 만 우리 호텔의 경우에는 지금까지 비용을 들여 연예인을 초대한 적이 없었다. 일반 고객들의 입소문이 업계 관계자들에게도 전달 이 되고, 그들이 호텔에 방문한 뒤 촬영 장소로 결정하는 식이었 다. 또 촬영된 화보나 영상은 또 다시 일반 고객들에게 전달이 되 어 호텔 인지도가 더욱 높아지는 선순환을 그리고 있었다.

우리 호텔의 경우 촬영장소 제공 서비스가 따로 있기 때문에 오히려 우리가 서비스 비용을 받고 있다는 점은 앞서 소개한 바 있다. 비용을 지불해도 아깝지 않을, 가치를 충족시키는 공간과 서비스를 제공하는 것, 그것이 마케팅 비용을 따로 들이지 않아 도 자연스럽게 효과를 볼 수 있었던 입소문 마케팅의 핵심이다.

더욱 효과적인 것은 연예인은 물론 일반인까지 다양한 당사자 들이 자신만의 콘셉트와 이야기를 자신의 다양한 채널에 소개함 으로써, 타깃 고객과 콘텐츠의 다양성이 확보될 수 있었다는 점 이다. 이러한 다양성과 진정성은 인위적으로 만들어낼 수 없는, 진정 차별화된 경쟁력이 되어 줄 것이다.

하지만 여기에만 의존할 수는 없다. 지금 우리는 좀 더 체계적 인 마케팅을 준비 중이다. 홈페이지와 공식 SNS 채널을 개설하고, 광고, 홍보, 바이럴을 포함하는 브랜드마케팅 전략을 단계적으로 실행하고 있다. 물론 앞으로도 우리의 가장 중요한 마케팅 전략은 고객과의 소통, 고객의 만족을 기반으로 하는 자발적 바이럴이 될 것이다.

마케팅이 더욱 정교해지고, 어려워지는 마케팅의 시대라는 지금이기에 본질에 충실히 하는 것이 중요하다. 진짜 가치를 진심으로 알리는 진정성 있는 마케팅, 고객을 객화된 대상으로 보는 것이 아니라, 우리와 함께 가치를 만들어가는 주체로 초대하는 마케팅, 우리가 고객과 함께하고 싶은 마케팅은 바로 그런 진심 어린 교류다.

지금까지의 중년 사춘기 아저씨의 여정은 수많은 고민에서 출발해서 전환점이 된 실행감행, 몇 달에 걸친 치열한 불안과 피곤, 좌절과 작은 희망들을 거쳐 왔다. 좋은 인연과 함께했으며, 프로젝트로 만난 새로운 인연은 성공과 함께 좋은 인연으로 이어졌다.

프로젝트 초기에는 나의 베트남 집무실이자 숙소인 아파트에 홀로 앉아 중년 우울증과 불안감, 피곤이 겹친 감정적 롤러코스터를 타곤 했다. 하지만 지금은 다르다. 선한 눈망울과 베트남 미소를 띤 우리의 호텔 팀이 함께하고 있다. 우리 호텔에서 그들만의 비밀을 만들어가는 소중한 베트남 연인들, 고객들이 있다. 그리고 호텔의 공간 곳곳은 SNS 입소문을 타고 날마다 아름답게 퍼져나가고 있다.

그리고 이제 또 하나의 비밀의 정원을 찾을 예정이다.

그리고 또 하나, 다시 또 하나.

4장

베트남에서 사업하기

• 베트남 예비 세입자를 위한 안내서 •

　하루 이틀의 출장이 아닌 장기 체류가 필요하다면, 비즈니스와 생활의 영역이 혼재된다. 사람은 자고, 먹고, 입고, 쉬기도 하면서 생활을 영위하는 존재이므로, 아무리 사업이 잘된다고 해도 생활이 불편하거나 삶의 즐거움을 느낄 수 없으면 소용없다. 군대에서도 오락 시설이 있고 감옥에도 휴식시간이 있는데 말이다. 즉 살만한 곳이어야 한다는 것이다.

　베트남에서는 대체로 500달러 정도면 시내 중심지에 가깝게 위치한 오피스텔을 구할 수 있다. 주로 외국인이 거주하는 경우가 많은데, 원룸 형태인 오피스텔은 크기와 기능도 적정 수준이고, 깨끗하게 잘 정비되어 있다. 베트남에서 나의 집무실이자 쉼터가 되어 주는 오피스텔에도 나를 비롯한 외국인이 많이 거주하고 있어 보안도 잘 되어 있고, 1층에는 편의점도 있어 편리하다. 주거생활이라는 기능에 충실할 뿐 아니라, 공용 피트니스 센터는 물론 옥외 수영장도 갖추어져 있어 생활의 편의는 물론 한국에 있을 때와 다름없는 생활방식을 유지할 수 있다.

외국에 세컨드 하우스 장만하기

베트남은 굳이 비즈니스 목적이 아니더라도, 요즘 유행하는 '한 달 살기'를 하기에도 부담 없을 뿐 아니라 한국에 있을 때와 다름없는 편안한 주거환경을 갖추고 베트남의 문화를 느낄 수 있다. 한국 오피스텔 월세 가격이면 베트남에 세컨드 하우스, 이른바 별장을 마련할 수 있다. 할리우드 스타나 슈퍼리치들처럼 본

거지를 떠나 세컨드 하우스에서 즐기는 힐링 스페이스를 상상해 보자.

실제로 내가 뵌 자산가 중 한 분은 베트남에 아파트를 구입하신 후 가끔 서울을 벗어나 한 달 정도 체류해 가시곤 했다. 처음엔 돈이 많아 쓰실 데가 없으시나 했지만 이제 베트남에 직접 사업을 하면 느낀 바로는 그분의 마음이 이해가 된다.

얼마 전 한 부동산 광고에서 피에드아테르(Pied a Terre)란 단어를 보았다. 발레 용어로 발을 마룻바닥에 붙였을 경우를 뜻하지만, 내가 디딘 곳이 내가 사는 곳이란 의미로 유럽 부호들이 주거주지 외에 사업 등을 위해 맨하탄 같은 대도시에 마련한 세컨드 하우스를 뜻하기도 한다.

HSBC가 발표한 국외 거주자 2019 보고서에 따르면 베트남은 일하고 거주하기 좋은 10대 국가라 한다. 베트남에 사업체나 거주지를 만들어 나만의 피에드아테르를 만들어 보는 것도 멋지지 않을까 생각해 본다.

베트남에서 집 구하기 Tip 5

1. 부동산업자 선택하기

베트남의 경우 부동산업자가 매물을 개인적으로 쥐고 있기 때문에, 되도록 다양한 업체에 연락해보는 것을 권한다. 발품을 팔아야 한다는 이야기다. 믿을 만한 지인이 있다면 부동산업자를 소개받는 것도 좋다. 영어가 가능한 부동산업자도 많이 있다.

2. 집주인 본인확인 및 가계약 계약서 확인하기

주택소유권 증명서와 집주인 본인을 꼭 확인해서 집주인 본인과 계약하며, 계약서도 꼼꼼하게 확인해야 한다. 아파트가 마음에 들면 보증금의 10% 정도를 현금 지급하고 반드시 영수증을 요청한다.

3. 집과 집주인 상태 확인 후 계약

수도, 전기 등 각종 설비를 중심으로 집 상태를 꼼꼼하게 확인해야 한다. 또 계약 기간, 계약종료와 연장조건 등 계약 주요 항목도 필수로 확인해야 하는 사항이다. 마지막으로 집주인 자체도 잘 살펴보는 것이 좋다. 기왕이면 넉넉한 인심을 가진 주인이 좋지 않나.

4. 생활하면서 고장 낸 시설은 바로바로 고쳐 놓는 것이 좋다.

베트남에서의 보증금은 월세 두 달분에 해당하는 가격을 지급하게 되는데, 계약이 종료되고 나갈 때 집에 하자가 있는 경우 보증금에서 돈이 차감되므로, 직접 수리하는 것이 낫다. 물론 수도 같은 설비 부분은 계약서에 따라 다를 수 있겠지만 일반적으로 집주인이 수리해준다.

5. 부대시설, 주변 시설 체크

헬스장, 마트, 마사지, 음식점 등 건물 내에 또는 단지 내에 있으면 생활에 도움이 된다.

나의 경우 먹는 것에 대한 욕심이 많지도, 적지도 않은 편이라, 맛있는 음식이 있으면 맛있게 먹고, 없으면 없는 대로 끼니를 때우는 성향이다. 그러니 유명한 베트남 맛집은 블로그나 유튜브를 참고하고 여기에서는 나의 생활반경에 있는 호치민 시내 부근을 중심으로 지극히 사적인 맛집 안내를 해보려 한다.

베트남에 외국인의 유입이 늘어나고 현지인들의 소득 수준도 높아지면서 베트남에서는 다양한 세계 음식을 맛볼 수 있다. 한국처럼 전통의 맛과 세계 각국의 맛이 어우러져 있어 선택의 폭이 넓다

아침 식사는 왠지 집밥 느낌으로

베트남 체류 시 즐겨 먹는 아침 식사 집이다. 가는 면발과 짭조름한 맛의 뜨뜻한 국물의 조화가 일품이며, 새우, 돼지고기, 염통, 간 등을 선택하면 올려주는 토핑을 날마다 다르게 즐기는 재미도 있다. 된장찌개나 국에 백반을 가볍게 먹고 나오는 집밥 느낌이 들어 타지에서의 생활을 조금은 푸근하

게 만들어준다.

무엇보다 화려하지 않고 소박한 테이블과 식당 주변 거리의
한가로우면서도 활기찬 생활의 풍경은 익숙함과 편안함을 준다.

나들이 게 맛을 알기를 바라

베트남은 게를 이용한 요리가 제법 괜찮다. 게를 우려낸 달콤
하고 감칠맛 나는 국물이 일품인 국수인데, 호텔직원이 그랩을
통해 주문해준 배달음식으로 처음 접해보게 되었다.

이 국수를 먹은 날에는 그날은 무슨 일이든지 해낼 수 있다는
긍정 에너지가 폭발하게 만드는 마력의 국수다. 음식이라는 것은
사람의 기분과 역량을 좌우하는 힘이 있는 것 같다.

양고기 샤브샤브, 중국식 두부튀김 등 신선한 재료로 마라 샤브샤브를 즐길 수 있는 '후통(Hutong)'은 손님이 올 때 자주 즐겨 찾는 곳이다. 야채, 생선, 어패류 등 재료들의 질이 좋고 육수와 사이드 메뉴의 맛도 좋아 언제나 손님의 만족도가 좋다 더욱 자주 찾게 되는 비즈니스 장소다.

베트남에서 중국을 즐기다

대답은 언제나, 그뤠잇!

스스로 기특한 날, 몸이 허한 날 등 뭔가 특별한 날 핑곗거리가 있을 때 즐겨 찾는 아르헨티나 스테이크 집 '엘 가우초(el gaucho)'다. 맛있는 스테이크라니, 더 이상 무슨 설명이 필요할까.

혼자 바에 앉아 스테이크를 먹고 있는 나에게 직원이 항상 같은 질문을 한다.

"하우즈 유어 스테이크?"

물론 나도 항상 같은 대답을 한다.

"그뤠잇!"

#호치민 #먹스타그램

    이 식당은 그야말로 SNS의 핫플레이스다. 실제로 식사하다 보면 연신 사진을 찍고 있는 모습을 익숙하게 볼 수 있다. 인테리어도 핑크핑크, 아기자기할 뿐 아니라, 플레이팅도 작고 귀여워서 여성 고객들이 대부분을 차지한다. 나 역시 다음에 딸과 함께할 데이트 코스로 등록해두었다. 반전이라면, 온통 프렌치 풍인 이 레스토랑의 이름은 '동포(dong pho)', 베트남 음식점이다.

길지 않은 시간이었지만 일본에서 잠시나마 직장생활을 한 적이 있었다. 그래서인지 일과를 마치고 집에 돌아가던 길에 들르던 꼬치 구이집은 하루를 잘 보냈다는 안도감을

준다. 베트남 거리를 지나 이 꼬치 구이집 문을 열고 들어서면 일본에서 느끼던 그 안도감을 고스란히 다시 느낄 수 있다. 내 옆에 앉아 꼬치구이와 맥주를 기울이는 아저씨들도 같은 심정일지도 모른다. 타인이지만 아저씨라는 동질감으로, 수고한 오늘 하루를 위해 건배!

베트남에서 만난 뚜레쥬르 케이크

생일상에 낯익은 케이크 하나가 올라와 있다. 바로 뚜레쥬르 케이크. 호텔직원들이 예쁜 카페에서 준비해준 친구의 생일상에서 뚜레쥬르 케이크를 발견하는 것은 색다른 경험이었다. 한국에서 보던 친구, 한국에서 보던 브랜드는 향수를 불러일으키기에 충분했다. 사실 베트남에서 생각지도 않게 한국을 만

난 것도 재미있었지만, 자동차 같은 제품이 아니라 케이크라는, 작고 소박한 대상에서까지 한국을 만났다는 것이 인상 깊었다.

현재 베트남에는 제법 다양한 브랜드가 진출해 있고, 인기를 얻고 있다. 굳이 한류, 박항서 매직 등 전 국가적 신드롬까지 가지 않아도, 작은 생활편의나 외식 브랜드까지 전반에 걸쳐 사랑받는 한국 브랜드들이 늘어가고 있다는 점이 고무적일 것이다.

롯데마트, GS25(지금 베트남에서 편의점은 높은 성장률을 보이고 있다), 뚜레쥬르는 물론 두끼라는 분식 브랜드도 인기다. 때문에 큰 향수 없이 베트남 생활을 이어가기에 충분하다. 오히려 향수보다는 신기함, 자부심, 반가움을 매일 느끼며 살고 있다.

나는 무언가 일이 생각대로 되지 않아 기운이 빠질 때는 깨끗한 새 옷을 준비한 후 수영을 하러 간다. 수영을 마친 후 상쾌한 기분으로 진취적인 지인을 만나 사업구상 이야기를 하면 스트레스가 풀린다.

베트남은 밤 문화가 발달해 있다. 가끔 사업하러 오신 분 중에 밤 문화에 빠져 스트레스를 해소하시다 사장을 넘어 황제가 되시는 분들이 있다. 밤에 황제가 되시는 것인데, 물론 스트레스를 푸는 방법은 개인차가 있다 하겠다. 여기서는 사장으로 남아 즐기는 몇 가지 취미 생활을 소개한다.

베트남은 한국 사람들의 골프 여행지로도 유명하니, 이 점은 따로 설명하지 않아도 될 것이다. 나는 탄손넛 국제공항과 가까운 곳에 위치한 골프클럽을 가본 적이 있다. 베트남 히노이를 골프여행지로 검토하고 있다면, 연말과 연초 건기의 기후가 골프여행의 최적이라고 하니, 계획을 세울 때 참고하시길.

느린 듯 주유하는 즐거움, 불혹의 운동 골프

쉘 위 댄스?, 댄스 스포츠

말했던가. 베트남 사람들의 기질이 한국 사람과 비슷하다고. 노래와 춤을 좋아하고 화끈하고 흥 있는 한국 사람. 한국 사람에 베트남 사람을 넣어도 공식은 완성된다. 하노이에서 가장 큰 호수인 호떠이 인근을 산책하다 보면 공원에서 사람들의 한바탕 춤마당이 벌어지곤 한다. 빨간 플라스틱 의자에 느긋하게 앉아 맥주 한잔하는 구경꾼들도 있고 그 앞 광장에는 사교댄스를 열심히 추는 커플들로 가득하다. 한쪽에서는 춤 연습을 하는 커플들도 북적거린다. 흥이 오르면 의자에 앉아 있던 구경꾼들도 가세한다. 한바탕 마당놀이 같다. 삶의 작은 한 꼭지들을 자유롭게 즐길 줄 아는 사람들이다. 근처 상인에게 물어보니 거의 매일 저녁 8시에서 10시까지가 댄스 타임이라고 한다.

이런 베트남의 흥에 한국에서 몸치, 박치에 속하던 나도 이곳 베트남에서 취미로 탱고 사교클럽을 방문해보았다. 마침 한국에서 방문한 예술가적 감성으로 무장한 지인과 함께. 베트남 사람은 물론 전 세계의 흥 부자들은 다 모였는지, 그들이 뿜어내는 순수한 즐거움이 인상 깊었다. 감성을 채우고 건강을 유지하는 스포츠로서의 건전한 문화로 정착된 댄스스포츠에 관심 있다면 삭막한 비즈니스 환경에서 재충전을 위해 도전해볼 만한 취미이다. 간혹 '쉘 위 댄스' 주인공 같은 일본 아저씨도 볼 수 있다.

호치민에는 귀족 가문의 후손 같이 생긴 무서운 프랑스 할아버지가 가르쳐주는 '사이공 포니 클럽(sigon pony club)'이라는 승마장이 있다. 개인적으로 승마를 좋아한다. 말도 좋고, 말들이 달리는 것도 좋고, 내가 말을 타고 달리는 것도 좋다. 특히 자세를 잡아주어 건강에도 좋고 정서적으로도 좋다고 하니, 버킷리스트에 올려볼 만하다. 게다가 한국에서는 배울 만한 곳이 흔치 않고 가격도 높은 데 반해, 베트남에서는 저렴한 가격으로 가능하니, 한 번쯤 도전해보자. 단, 비가 오면 땅이 질척거리니 주의하시라.

자유로움이 배가 되는 승마체험

이 밖에도 호치민에는 다양한 외국인이 공존하는 글로벌 도시인 만큼 다양한 문화와 취미를 경험할 수 있다. 가라테나 태권도 등 보다 적극적인 활동을 원한다면 '사이고 주짓수(Saigon Jiusitsu)'도 인기이니 참고해보자. 2019년에는 호시민시 푸토 실내체육관에서 국제 주짓수 챔피언십이 열리기도 했다.

사람 사는 거 별거 아니다. 잘 먹고 잘 쉬고 잘 자면 일도 잘된다. 다양하고 재미있는 경험을 할 수 있는 곳이라면 더 말해서 무엇할까. 해외사업을 통해 국내서 얻기 힘든 색다른 경험 또한 또 다른 소득이다.

> 이 책이 계기가 되어 좀 더 넓은 시야로 더 많은 해외 사업의
>
> 기회를 포착해서 세계 시장 속에서 수익을 내는
>
> 대한민국 중년 동지들이 많아지길 바랍니다.
>
>
> 좋은 의견과 문의, 정보는 언제든 나눌 수 있습니다.
>
> contact@pamsglobal.co.kr

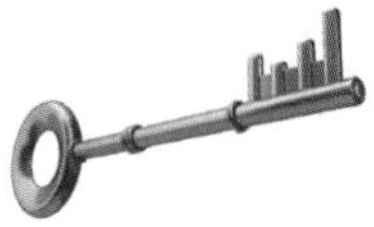

아파트 전세값으로

해외호텔
사장되기 __

초판 1쇄 발행 2020. 8. 20.

지은이 곽승엽
펴낸이 김병호
편집진행 임윤영 | **디자인** 양헌경
마케팅 민 호 | **경영지원** 송세영

펴낸곳 바른북스
등록 2019년 4월 3일 제2019-000040호
주소 서울시 성동구 연무장5길 9-16, 301호 (성수동2가, 블루스톤타워)
대표전화 070-7857-9719 **경영지원** 02-3409-9719 **팩스** 070-7610-9820
이메일 barunbooks21@naver.com **원고투고** barunbooks21@naver.com
홈페이지 www.barunbooks.com **공식 블로그** blog.naver.com/barunbooks7
공식 포스트 post.naver.com/barunbooks7 **페이스북** facebook.com/barunbooks7

· 이 책의 국립중앙도서관 출판시도서목록(CIP)은 서지정보유통지원시스템 홈페이지
(http://seoji.nl.go.kr)와 국가자료공동목록시스템(http://www.nl.go.kr/kolisnet)에서
이용하실 수 있습니다. (CIP제어번호 : 2020032358)
· 파본이나 잘못된 책은 구입하신 곳에서 교환해드립니다.

바른북스는 여러분의 다양한 아이디어와 원고 투고를 설레는 마음으로 기다리고 있습니다.